中职生创新创业教育

主　编◎段　威　李　真　张林丽
副主编◎刘　佳　李晓濛　段瑛琛

北京理工大学出版社
BEIJING INSTITUTE OF TECHNOLOGY PRESS

内 容 简 介

本书以提高中职学生创新创业基础素养为目标，为实现中职学生创新思维、创新意识、创新创业精神、创新创业能力全面提升而编写。内容包括创新与创新精神、创新意识与创新思维、创新技法、认识自我与职业分析、创业概述、创业准备、创业企业创办与管理等。

本书可作为中职学校各专业开展创新创业教育的通用教材，也可作为企业创新创业教育的培训教材，还可作为读者拓宽视野、增长知识的自学用书。

图书在版编目（CIP）数据

中职生创新创业教育 / 段威, 李真, 张林丽主编
. -- 北京：北京理工大学出版社，2022.8

ISBN 978-7-5763-1578-3

Ⅰ.①中… Ⅱ.①段… ②李… ③张… Ⅲ.①创业—
中等专业学校—教材 Ⅳ.①F241.4

中国版本图书馆CIP数据核字(2022)第142093号

出版发行 / 北京理工大学出版社有限责任公司
社　　址 / 北京市海淀区中关村南大街 5 号
邮　　编 / 100081
电　　话 / (010) 68914775（总编室）
　　　　　 (010) 82562903（教材售后服务热线）
　　　　　 (010) 68944723（其他图书服务热线）
网　　址 / http://www.bitpress.com.cn
经　　销 / 全国各地新华书店
印　　刷 / 定州市新华印刷有限公司
开　　本 / 889 毫米 × 1194 毫米　1/16
印　　张 / 10.5　　　　　　　　　　　　　　责任编辑 / 陆世立
字　　数 / 194 千字　　　　　　　　　　　　文案编辑 / 陆世立
版　　次 / 2022 年 7 月第 1 版　2022 年 7 月第 1 次印刷　责任校对 / 周瑞红
定　　价 / 34.00 元　　　　　　　　　　　　责任印制 / 边心超

党的十九大提出"创新是引领发展的第一动力，是建设现代化经济体系的战略支撑。""鼓励更多社会主体投身创新创业"和"建设知识型、技能型、创新型劳动者大军"。中共中央办公厅、国务院办公厅印发的《关于推动现代职业教育高质量发展的意见》也明确指出"支持学生积极参加社会实践、创新创业、竞赛活动"。职业教育是国民教育体系和人力资源开发的重要组成部分，肩负着培养多样化人才、传承技术技能、促进就业创业的重要职责。在全面建设社会主义现代化国家新征程中，党和国家对职业院校创新创业教育提出了更高的要求，寄予了更高的希望。那么，中职创新创业教育的核心目的是什么呢？我们认为，全面提升学生的创新思维、创新意识、创新创业精神、创新创业能力等多方面的综合素养是创新创业教育的根本，把这个根本做好，创新创业成果自然而然就会出现。所以，创新创业教育应该重视长远的基础工作，编写一部契合中职学生特点、实用性强的创新创业教材就是基础工作的重要一环。

本书将习近平新时代中国特色社会主义思想有效融入课程教学，在"价值塑造、能力培养、知识传授"三位一体的教学目标中，将"价值塑造"作为"灵魂"，将时代的、社会的正能量引入课程。本书结合中职学生群体的实际特点，旨在引导中职学生学习中国特色社会主义理论，帮助中职学生了解和掌握创新与创业的相关知识，提高中职学生的创新意识和创业能力。本书具有知识新颖、内容丰富、案例鲜活、贴近实际、注重素质培养和能力提升等特点。在编写过程中，内容选取以实用、实际、实效为原则，精讲细练，对各知识点和技能点进行着重叙述。案例贯穿全书，使本书颇具可读性，更以训练、思考等多种形式充分调动读者的思维活跃性，从而使其达到触类旁通、灵活学习的目的。

本书共有七个模块，模块一"创新与创新精神"，主要是对创新与创新精神的基本内涵进行概述；模块二"创新意识与创新思维"，主要是从激发创新意识、破除创新思维障碍、训练创新思维的角度对中职学生进行培养；模块三"创新技法"，主要介绍缺点列举法、头脑风暴法、检核表法、思维导图和六顶思考帽等基本的创新技法；模块四"认识自我与职业分析"，引导中职学生对自己有清晰的认识，衡量自己的职业兴趣和职业能力，是否适合创业；模块五"创业概述"，在对创业基础知识进行概述的基础上，剖析创业精神的实质，论述创业者应具备的素养及创业团队的组建和管理；模块六"创业准备"，主要对中职学生进行创业机会识别、创业风险管理、创业资源获取和编制创业计划书等方面的培养；模块七"创业企业创办与管理"，介绍创办企业应当了解的基本信息、相关法律知识，以及如何做好初创企业的经营与管理。本书采取"模块—单元"的模块化设计，每个模块分别有模块导读和知识导图，帮助中职学生对本模块有概略了解，顺利进入学习状态。每个单元设置学习目标、导入案例、知识储备等，帮助中职学生系统学习理论知识；设置思考与讨论、活动与训练，有利于学生巩固课堂学习成果，加深对理论知识的理解。

本书由烟台市职业教育研究室段威、李真、张林丽担任主编，由刘佳、李晓濛、段瑛琛担任副主编。

编者在编写本书的过程中，参考了国内有关学者的著作，借鉴了有关教材的观点，在此向有关作者表示诚挚的谢意。

由于编者水平有限，加之时间仓促，书中难免存在不足之处，恳请广大读者不吝赐教，使本书更加完善，更好地为职业教育服务，为学生服务。

Contents
目录

创业篇

创新篇

创新与创新精神

模块导读

人类发展及科学技术进步中的每一次重大跨越和重要发现都与思维创新、方法创新、工具创新密切相关。离开了"创新",人类社会不可能向前迈进,科学技术也不可能有实质性的进步。可以说,"创新"已经成为现代社会发展与进步的基本动力。

知识导图

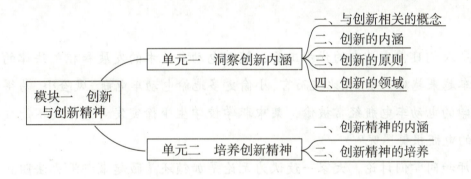

单元一　洞察创新内涵

学习目标

（1）了解与创新有关的概念。

（2）理解创新的概念。

（3）理解创新的原则，并能将其运用到创新活动中。

（4）了解创新的领域。

（5）深刻理解创新的内涵，衡量自身的创新素养，为后续学习创造条件。

（6）具有认识创新、热爱创新的意识。

导入案例

电动车是人们日常生活中的代步工具，随着电动车技术的发展和相关法律的不断完善，小偷对电动车越来越难下手。相比较而言，小偷更多地偷电动车电瓶，风险小、易得手、易销赃。听说身边同学的电动车电瓶经常被偷，某中职学校学生小徐突发奇想：能不能发明一款让小偷无法得逞的电瓶报警器呢？

通过老师和同学们讨论，大家一致认为无论是加锁还是藏起来都没办法阻止小偷偷盗电瓶，加装报警器能不能起到作用呢？报警器如果安装在电瓶上，只要有人剪断电源线就能够发出警报，那么怎样实现呢？

同学们围绕这个问题展开了头脑风暴。突然有人提出来能不能把报警器放在电瓶里面，电瓶一旦离开电动车，电瓶内部的报警器就会发出警报。这让所有人都眼前一亮……

小徐发明的电动车电瓶防盗报警装置，是根据当下电动车的特点和使用者的需要研发出来的，创新点在于将报警器集成在电瓶内部，当电瓶脱离电动车时报警器就能自动报警，可以有效地对小偷形成心理震慑作用。该报警装置成本低，经济实惠、实用，有较好的推广价值。

思考：小徐和同学们是如何开展创新活动的？

知识储备

一、与创新相关的概念

（一）创造

人类社会的文明史，就是一部创造发明史。若没有大机器的发明，我们仍将处在扶犁耕田、手摇纺纱的落后状态；若没有人工接种牛痘的发明，成千上万人的生命将被天花吞噬；若没有电灯的发明，我们至今还得靠油灯照亮黑夜……

在《辞海》中，"创造"一词被解释为"首创前所未有的事物"。在《现代汉语词典》（第7版）里，"创造"被解释为"想出新方法、建立新理论、做出新的成绩或东西"。结合国内外学者对创造的不同表述，我们可以对创造下一个通用的定义：所谓创造，是指人们为达到某种目的而首创或改进某种思想、方法、理论、技术和产品的活动。

（二）创意

"创意"既是一个名词又是一个动词。作为静态名词的"创意"是指创造性的意念、新颖的构思；作为动态词语的"创意"是指创意思维的过程，是一种经过冥思苦想而突然降临的、从无到有的新意念的产生过程。简而言之，创意就是具有新颖性和创造性的想法。

创意是灵感诱发形成的观念、想法和念头，比灵感要完整和完善（图1-1）。

图1-1 创意由灵感诱发

（三）创造力

创造力是人类特有的一种综合性本领，是由知识、智力、能力及优良的个性品质等复杂多因素综合优化构成的。

创造力是指产生新思想，发现和创造新事物的能力。它是成功地完成某种创造性活动所必需的心理品质。例如创造新概念、新理论，更新技术，发明新设备，创作新作品都是创造力的表现。

创造力与一般能力的区别在于它的新颖性和独创性。它的主导成分是发散思维，即无定向、无约束地由已知探索未知的思维方式。

创造力的构成可归结为以下三个方面。

（1）作为基础因素的知识。这些知识主要包括吸收知识的能力、记忆知识的能力和理解知识的能力。

（2）创造性思维。创造性思维是以感知、记忆、思考、联想、理解等能力为基础，以综合性、探索性和求新性为特征的高级心理活动，需要人们付出艰苦的脑力劳动。

（3）创造人格。创造人格主要包括意志、情操等方面的内容。优良的个性品质，如永不满足的进取心、强烈的求知欲、顽强的意志、积极主动的独立思考精神等是发挥创造力的重要条件和保证。

二、创新的内涵

（一）创新的概念

虽然很多人将创新看作是技术创新，但是创新在各个领域中都具有举足轻重的作用，技术创新只是其中的一个重要部分，创新已经融入整个社会的方方面面中。创新是人的实践行为，是人类对于发现的再创造，是对于物质世界矛盾的利用再创造，是人自我发展的基本路径，人们在征服自然、改造自然的过程中通过不断创新促进了社会的发展，同时也促进了自我的发展。创新是人类特有的认识能力和实践能力，是人类主观能动性的高级表现，是推动民族进步、社会发展、历史前行的不竭动力。一个民族要想走在时代前列，就一刻不能没有创新思维，一刻不能停止各种创新。

创新是指人类为了满足自身需要以现有的思维模式提出有别于常规或常人思路的见解为导向，利用现有的知识和物质，遵循事物发展的规律，在特定的环境中，本着理想化需要或为满足社会需求，而改进或创造新的事物、方法、元素、路径、环境，并能获得一定有益效果的行为。

（二）对创新概念的理解

创新的本质是突破，即突破旧的思维定式及一些不合时代发展的陈规旧律。创新活动的核心是"新"，它或者是产品的结构、性能和外部特征的变革，或者是造型设计、内容表现形式和手段的创造，或者是内容的丰富和完善。因此，创新应该从以下几个方面理解。

（1）**创新的主体是人**。主体可以是个人，也可以是组织中的人，创新主体需要具备创新的思维、创新的素养、创新的态度和创新的能力。

（2）**创新活动赋予资源一种新的能力**。资源的不同组合带来的是不同的效果，资源的不同管理也会带来不同的效率。实际上，创新活动本身给予资源以新的生命，创造出新的价值。

（3）**创新是为客户或社会创造出新的价值**。这种价值应该能够满足社会需要。满足社会发展和进步需要最终会促进生产力的发展，引起生产关系的变革，进而会带来社会和时代的变革。

三、创新的原则

开展创新活动是有其所依据的法则和判断创新构思所凭借的标准的，在创新活动的过程中应该遵循以下原则。

（一）科学规律原则

创新必须遵循科学技术原理，不得有违科学发展规律。为了使创新活动取得成功，在进行创新构思时，必须做到对发明创造设想进行科学原理相容性检查、技术方法可行性检查和功能方案合理性检查。

相信很多人听说过"点石成金"的故事，中世纪的欧洲术士，坚信元素之间能够互相转换，因此无数人穷其一生，都渴望找到能够将石头转换为金子的方法。石油被称为"工业血液""黑色黄金"，用石油生产出来的汽油是汽车等交通工具的主要燃料，在利益面前，一个叫王洪成的人，起了歪心思。

1984年3月，王洪成宣布发明了"水变油"技术，在他的演示下，只要在四分之三的水中加入四分之一的汽油，加入自己特制的"洪成基液"，也就是所谓的"燃料膨化剂"，就能形成所谓的"水基燃料"。王洪成宣称，"水基燃料"的热值高于普通汽油和柴油，而且无污染，成本十分低廉。

王洪成多次在媒体镜头下展示自己的"洪成基液"。王洪成让人拿来一杯水，然后往里滴上两滴药，神奇的事情发生了，用打火机点火后，水杯里面的水都燃烧了起来，人们纷纷惊叹，水真的变成了油！在另外几场表演中，王洪成邀请嘉宾，将浅红色的液体和汽油混合，倒进了灌满自来水的油桶中，然后注入汽车油箱，而汽车还真能够神奇地开动。

这些发明使王洪成成为舆论的焦点。

我们如果学过一些基本的物理知识和化学知识自然就会清楚，所谓"水变油"完全不符合科学逻辑：处于稳态的液态水不可燃烧，不能发生化学放热反应，因此无法实现从低能级到高能级的转变。

在不断的造势下，数百家中小企业拿出了上亿元资金，和王洪成大搞开发，王洪成因此得以中饱私囊。

1996 年，王洪成被收容审查，而他的骗人方式，也被揭穿。王洪成在水中投入电石（碳化钙）粉末，电石与水反应生成可燃的乙炔气体，就能够迅速燃烧。至于掺油进水，立刻就能开车，只是因为王洪成偷偷地将水桶换成了注满汽油的汽油桶罢了。1997 年 11 月，王洪成被哈尔滨市中级人民法院判处有期徒刑 10 年，这场闹剧得以结束。

思考："水变油"事件带给我们哪些启示？

（二）市场检验原则

创新的成果是要满足客户及社会需求的，创新设想要获得最后的成果必须经受市场的严峻考验。对创新成果的市场评价可以从解决问题的迫切程度、功能结构的优化程度、使用操作的可靠程度、维修保养的方便程度、美化生活的美学程度等方面进行。

（三）较优选择原则

从管理的角度来说，创新产物不可能十全十美，因此方案的选择只有较优，没有最优。在创新过程中，只要有较优的方案就可以开始执行和创造，不可能等到事情全面完美的时候再去做。因为一方面创新是无止境的，另一方面创新的时机稍纵即逝。创新的较优选择可以从创新技术的先进性、创新经济的合理性、创新整体的效果性等方面进行考虑。

（四）机理简单原则

在创新的过程中，要始终贯彻机理简单原则，为创新的设想或结果设计更符合机理简单原则的方案和程序。创新是否符合机理简单原则，我们可以通过检查新事物所依据的原理是否重叠、新事物所拥有的结构是否复杂、新事物所具备的功能是否冗余，来判断是否超出应有范围。

（五）构思独特原则

独特是创新的一个显著特征，不管是哪种创新活动，和已有成果相比都有明显的区别。

我们考查创新构思或创新成果的时候可以从其新颖性、开创新、特色性等方面来进行。

四、创新的领域

创新涵盖众多领域，包括政治、军事、经济、社会、文化、科技等。因此，创新可以分为知识创新、科技创新、文化创新、管理创新、艺术创新、商业创新等多个方面，以下就知识创新、科技创新、文化创新、管理创新、融合创新进行简单介绍。

（一）知识创新

知识创新是指通过科学研究，包括基础研究和应用研究，获得新的基础科学和技术科学知识的过程。知识创新具有独创性、系统性、风险性、科学性、前瞻性，其目的是追求新发现、探索新规律、创立新学说、创造新方法、积累新知识。

（二）科技创新

科技创新是原创性科学研究和技术创新的总称，是指创造和应用新知识、新技术、新工艺，采用新的生产方式和经营管理模式，开发新产品，提高产品质量，提供新服务的过程。

（三）文化创新

文化创新是指一个国家、一个民族、一个组织甚至一个人，在原有文化的基础上，对文化的内涵及形式进行继承与发展，使其符合时代需要，并能够为社会发展和进步提供积极影响的过程。

促进社会发展是文化创新的根本目的，也是检验文化创新的标准所在。

（四）管理创新

管理创新是指在一定的时空背景下，通过创造性思维或思想，积极利用计划、组织、指挥、协调、控制、领导、激励、沟通等管理职能或者手段，对人、财、物、信息等多种资源进行更进一步的优化配置，使管理成果获得比过去更高效率与更好效果的过程。

管理创新的实施过程可以从管理思想、管理理论、管理知识、管理方法、管理工具、管理艺术等方面来进行；也可以按照管理的功能目标、计划、实行、检馈、控制、调整、领导、组织、人力等管理职能来进行；也可以按照战略创新、模式创新、流程创新、标准创新、观念创新、风气创新、结构创新、制度创新等业务系统来进行；还可以按照研发管理、生产管理、营销管理、采购管理、供应链管理、人力资源管理、财务管理、信息管理等企业职能部门划分来进行（图1-2）。

图 1-2　管理创新实施体系

（五）融合创新

融合创新是指将各种创新要素通过创造性的融合，使各创新要素之间互补匹配，从而使创新系统的整体功能发生质的飞跃，形成独特的不可复制、不可超越的创新能力和核心竞争力。企业进行融合创新时其内涵应包括产品创新、业务流程创新、业务模式创新、管理创新、服务创新、制度创新等创新要素。

在我们的日常学习、工作、生活中，时刻不能忘记创新。创新意味着我们需要改变，需要推陈出新，不能被不合乎时代发展的枷锁所限制。古今中外，为了创新，很多人付出的不仅仅是汗水，甚至可能是生命；创新意味着风险，创新的付出有可能失败，但是没有创新，个人、组织、社会就谈不上进步和发展。

思 考 与 讨 论

（1）＿＿＿＿＿＿是指人们为达到某种目的而首创或改进某种思想、方法、理论、技术和产品的活动。

（2）简而言之，＿＿＿＿＿就是具有新颖性和创造性的想法。

（3）创造力是人类特有的一种综合性本领，是由＿＿＿＿＿、＿＿＿＿＿、能力及优良的＿＿＿＿＿等复杂多因素综合优化构成的。

（4）＿＿＿＿＿是指通过科学研究，包括基础研究和应用研究，获得新的基础科学和技术科学知识的过程。

（5）＿＿＿＿＿是指一个国家、一个民族、一个组织甚至一个人，在原有文化的基础上，对文化的内涵及形式进行继承与发展，使其符合时代需要，并能够为社会发展和进步提供积极影响的过程。

（6）企业进行融合创新时其内涵应包括：＿＿。

（7）什么是创新？如何理解创新的概念？

（8）简述创造力的构成。

（9）简述创新的原则。

（10）如何开展管理创新？

活动与训练

学生利用网络、报纸、杂志等搜集关于创新的案例，然后分析这些案例分别属于哪些领域，遵循了哪些创新原则。

单元二　培养创新精神

学习目标

（1）理解创新精神的含义与主要内容。

（2）掌握创新精神培养的途径。

（3）在深刻理解创新精神的基础上，通过积累和训练，培养自己的创新精神。

导入案例

某中职学校学生在日常的电工实训课堂上，经常会遇到一个检测逻辑芯片的问题，逻辑芯片在电压波动、静电等环境里很容易损坏，且损坏后表面无法判断，而逻辑芯片的检测过程烦琐且不准确。更重要的是一块完整的电路板上往往会由多个逻辑芯片组成，一个不合格就会导致整块电路板工作不正常。

该校学生小陈和小毛为某型号单片机编写相应的程序来检测芯片管脚对应的逻辑量，通过程序中的判断与跳转指令来判断被检测逻辑芯片的好坏。

经过学校实训室的检验，小陈和小毛发明的芯片检测系统安全可靠，无故障。在日常实训实践中很好地避免了由于芯片的故障而影响整个实验的问题，为实训试验提供了安全、可靠的芯片，从而保障了实验的成功率。为学校节约了实训实验成本，也为正常的电工实训的开展提供了有力保障。

思考：中职学生开展创新活动，除了需具备科学文化知识，还需要什么？

知识储备

一、创新精神的内涵

（一）创新精神的概念

关于创业精神的本质，目前人们还没有统一的界定，人们用不同的词语描绘创业精神，如合作精神、冒险精神、敬业精神、自强不息、百折不挠等。进入 21 世纪，又加进了时代精神、社会责任感、奉献、事业荣誉感、二次（三次）创业的创业勇气、艰苦奋斗的作风、至诚至信、开放的心态、宽容的胸怀等。

创新精神是指人们在创新活动过程中应该具备的能够综合运用已有的知识、信息、技能和方法，提出新方法、新观点的思维能力和进行发明创造、改革、革新的意志、信心、勇气和智慧。

（二）创新精神的主要内容

创新精神是进行创新活动必须具备的一些心理特征，一般认为其主要内容有开拓精神、开放精神、科学精神和学习精神等（图1-3）。

（1）**开拓精神是一种追求卓越、争先创优的开拓进取精神。**有进取心才有创新欲，有开拓力才有创新力。创新属于永不停滞、自强不息、开拓未来的团队和个人。

（2）**开放精神是一种面向世界、放眼天下的开放包容精神。**具有开放精神的人往往具有博大的胸怀、开阔的视野、高远的境界，他们能够站在世界的、时代的、行业的顶端，扩展出包容通达的、接纳追赶的创新动力和方向。

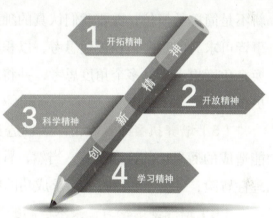

（3）**科学精神是一种实事求是、严谨缜密的遵循科学规律的思维精神。**尊重科学，就要在实施创新中尊重实际、尊重规律。

（4）**学习精神是一种博学广闻、深钻细研、虚心好学的求知精神。**创新的基础是知识、技能、信息等，因此个人或团队首先必须是学习型、知识型的个人或团队。

图1-3　创新精神的内容

二、创新精神的培养

创新精神的培养对一个人、一个组织和一个国家的成长发展都至关重要，那么当代中职学生应如何培养创新精神呢？

（1）**培养强烈的好奇心和求知欲。**据说，牛顿少年时期就有很强的好奇心，他在夜晚观察星星和月亮时就在思考星星和月亮为什么挂在天上？星星和月亮都在天空运转着，它们为什么不相撞呢？这些疑问激发着他的探索欲望。后来，他经过专心研究，终于发现了万有引力定律。能提出问题，说明在思考问题。好奇心包含着强烈的求知欲和追根究底的探索精神，要想在创新创业中获取成功，就必须要有强烈的好奇心。

（2）**培养科学求证的精神，不迷信权威。**不是被人验证过的事情就一定是真理。科学的发展需要对旧的知识、观念进行辩证地分析，取其精华、弃其糟粕，需要我们能够有质疑权威的精神，当然，这种质疑不是无根据的质疑，需要我们科学的求证。怀疑是发自内在的创造潜能，它激发人们去钻研，去探索。对待我们所学习或研究的事物应做到：不要迷信任何权威，应大胆地怀疑。这是我们创新的出发点。

（3）**激发追求创新的欲望。**追求创新的欲望会引发创新的动机，最终导致创新行为的实施。如果没有强烈的追求创新的欲望，可能我们的成果只是模仿和借鉴，只能在别人既定的圈子里周旋。有了追求创新的欲望，我们接下来就需要坚持不懈地努力，勇于面对困难。有一句话说的是"凡事至少有三种以上的解决办法"。在现实生活中，只要我们执着地去思考、去做，办法总比困难多。

（4）**树立凡事皆可求异的观念。**我们的生活中有很多人太过于在意别人的看法，往往忘记了自己内心的主见，人云亦云，这种生活和做事态度只会让我们丧失自我。要知道，创新不是简单的模仿，需要我们认真的独立思考，有自己的理解和见地。因此，我们要树立凡事皆可求异的观念，积极地思考，以积极的创新精神状态来追求创新成果。求异也要求我们换个角度思考，从多个角度思考，并将结果进行比较。求异者往往要比常人看问题更深刻、更全面。

（5）**培养执着的冒险精神。**创造实质上是有风险的，没有冒险精神的人在困难或者可能造成的后果面前选择退缩。当然，冒险不是那些危及生命和健康安全的冒险，而是一种合理性冒险，一种不怕困难和追求成功的精神，一种对创新成果的执着。

（6）**培养谦虚学习、永不自满的精神。**一个有很多创造性思想的人如果害怕去想另一种可能比这种思想更好的思想，或已习惯了一种成功的思想而不能产生新思想，这个人就会变得自满，停止创造。如果把我们已知的事物用一个圈内的部分来表示的话，圈外的事物就是我们未知的事物，当我们学习得越多，知道得越多，接触的未知事物就越多，我们就越敬畏知识、敬畏科学、敬畏创新。因此，我们就会谦虚学习，永不自满，只有这样才能有不断学习新知识、新技能的动力。

思考与讨论

（1）什么是创新精神？

（2）创新精神的内容有哪些？

（3）当代中职学生应从哪些方面培养创新精神？

活动与训练

工具们乘着飞机去旅行啦，天空中的云像一大朵一大朵的棉花一样，工具们真的是超开心！大家每天工作，好不容易可以轻松一下，于是高兴地唱起了歌。这时，突然发生了一件事，一个叫作匕首的工具突然站起身，冲向驾驶室，自称要劫机。机舱里一下子就大乱起来。

这时，以下的工具会怎样面对这件突发事件，会怎么说，怎么做？请根据它们的特点进行联想。

铅笔：

橡皮：

画笔：

调色板：

画架：

笔筒：

剪刀：

胶水：

传真机：

打字机：

椅子：

麦克风：

扩音器：

照相机：

模块二

创新意识与创新思维

模块导读

人类有着其他任何动物都无法比拟的思维能力。思维方法多种多样，创新思维是在一般思维的基础上发展起来的，是思维活动中最有价值和最积极的形式。

知识导图

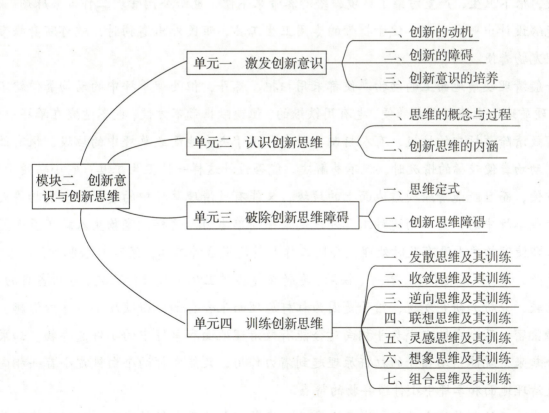

模块二　创新意识与创新思维
- 单元一　激发创新意识
  - 一、创新的动机
  - 二、创新的障碍
  - 三、创新意识的培养
- 单元二　认识创新思维
  - 一、思维的概念与过程
  - 二、创新思维的内涵
- 单元三　破除创新思维障碍
  - 一、思维定式
  - 二、创新思维障碍
- 单元四　训练创新思维
  - 一、发散思维及其训练
  - 二、收敛思维及其训练
  - 三、逆向思维及其训练
  - 四、联想思维及其训练
  - 五、灵感思维及其训练
  - 六、想象思维及其训练
  - 七、组合思维及其训练

单元一　激发创新意识

学习目标

（1）理解创新的动机。

（2）理解创新的障碍。

（3）掌握创新意识的培养途径。

（4）能够主动破除自身阻碍创新的因素，积极自觉地培养创新意识。

导入案例

某中职学生小周周末经常在公园里锻炼身体，他发现市民遛狗很普遍，但是宠物狗随地大小便，很不卫生，严重污染了环境，给游客带来不便，也给公园管理工作带来麻烦。他想，如果能够设计出一种小巧、便于携带的专用卫生工具，市民外出遛狗时，就可随身携带，用于清理宠物粪便。

一般清理硬质地面上的动物粪便都采用扫把、畚斗，但处理草坪中的动物粪便就不好办了。在硬质地面上清理动物粪便，也有用铁锹的，但铁锹携带不方便，也不适宜在草坪中使用。为了有效清除草坪中的垃圾，有人自制毛竹夹，用于夹去地面或草坪中的垃圾，很有效，但当遇到动物粪便较稀的情况时，就不易解决。能否设计这样一件卫生工具：它小巧便于携带，操作方便，而且既能清除硬质地面上的垃圾，又能有效清理草坪中的粪便。当宠物将大便拉在路上或草坪中时，主人用这种工具处理起来很简单省力，这样，宠物主人就不至于置之不理了。即使宠物主人没有及时处理，公园工作人员使用这种工具，清理起来也方便一些。

于是，小周试着把扫把、畚斗、铁锹、毛竹夹等各种卫生工具进行比较，分析各自的利弊。经过比较、分析和研究发现，钳子是因为杠杆原理而张合自如；白铁皮小畚斗口沿薄，与地面接触紧密；两个白铁皮小畚斗相向对合能有效清理地面和草坪中的小件遗弃物。如果把两者结合起来，既能借助钳子的杠杆原理起到省力作用，又能发挥两个白铁皮小畚斗相向对合可有效清理地面和草坪中小件遗弃物的特点。

起先，设计制作的合斗钳，由于小畚斗口沿薄，与地面接触紧密，能很好地清除草坪中的污物，效果不错，但合斗钳对合起来后，四周是封闭的，不便于倒出污物。于是小周将小畚斗改为角斗（去掉一边沿），再焊接于钳子底端。这样一来，合斗钳就好用多了，既好夹又好倒（图2-1）。经过使用，小周又发现了新的问题。因为合斗钳是采用普通煤球钳与小角斗焊接组合而成的，既不美观又很笨重，更不便于携带。为此，小周又根据常规宠物的粪便量，缩小钳子和角斗，并采用质地轻、硬度高的铝合金作为制作材料，从小巧、轻便、美观、适宜等方面，对合斗钳做了改进，重新制作一款合斗钳（图2-2）。

合斗钳巧妙地利用了钳子张合自如的杠杆原理和两个小角斗相向对合能有效清理地面和草坪中小件遗弃物的特点，采用质地既轻又硬的铝合金材料制作而成，比例恰当、规格适宜、轻便美观。它不但对清除生活小区、公园草坪上的动物粪便非常有效，而且对清理生活小区、公园地面或草坪上，以及房间地面上的其他垃圾都非常实用，是家庭和环卫部门有效的卫生工具。

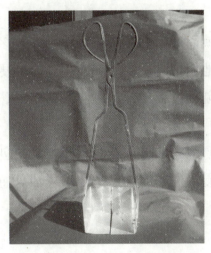

图2-1　最初设计的合斗钳

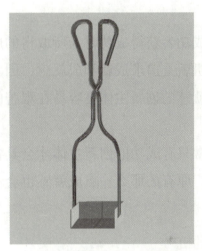

图2-2　改进后的合斗钳

思考：这个案例给我们带来了哪些启示？

知识储备

创新意识是后天培养出来的。激发创新意识，需要有创新动机，克服创新障碍，善于思考并勇于实践。

一、创新的动机

人是创新的主体，创新活动需要发挥人的积极主动性。主体创新活动的内部心理过程需要创新动机来维持，创新动机是形成和推动创新行为的内驱力，是产生创新行为的前提。创新主体的创新动机并不是单一的，而是多元的，这既与创新主体的价值取向有关，也与组织的文化背景、创新者的素质相关。一般而言，创新动机的产生有以下几点。

（一）创新心理需求

创新心理需求是指创新主体对某种创新目标的渴求或欲望。创新心理需求作为创新主体对某种创新目标实现的欲望，实际上是创新主体希望自己的创新能力能够在创新过程中得以发挥，因此，创新心理需求可以认为是人的需求的最高层次之一。创新主体的创新心理需求是由自己对个人成就、自我价值、社会责任、企业责任等的某种追求而产生的，具体来说则是在内部刺激和外部刺激共同作用的情况下产生的，当内外刺激和谐时会产生共振，使创新心理需求程度加大，推动创新主体积极进行创新。创新心理需求可反复产生，按照心理学所揭示的规律，需求产生动机，动机支配着人们的行动。

（二）成就感

成就感是成功者获得成功时为所取得的成就而产生的一种心理满足。许多创新主体进行创新的直接动机就是追求成就和成就感，因为他们把自己的成就看得比金钱更重要。正因为如此，具有成就感的创新主体更容易在艰苦的创新过程中保持顽强的进取心，推动自己不达目标誓不罢休。

成就感通常只有成功的创新主体才会具备，因为如果创新总是不成功，创新主体的成就感就不会存在，原有的那么一点成就感也会慢慢消失，但创新主体追求成就感仍然是维持创新行为的动机。

（三）经济性动机

创新主体在创新时的经济性动机，可以分为两大类：第一类是为了组织经济效益的提高；第二类是为了个人利益的增加。虽然第一类动机表面上只与组织效益有关，但组织效益良好最终还会以各种方式回报给为此作出贡献的创新主体。因此，创新主体的经济性动机是明确的，各种创新的成功增进资源配置效率从而促进企业效益的增加，提高资源配置效率的同时也能增加个人的经济收入。

（四）责任心

责任心是创新主体的另一重要创新动机，因为创新主体在其工作范围内是一个责任人，要对其所做的工作负责。只有具备高度责任心的人才会去寻找当前工作中存在的不足和缺陷，希望从中找到改进和提高的方向，进行创新，使工作做得更好。责任心有两种：一种是对社会的责任心，这是宏观的；另一种是对企业的责任心，这是微观的。这两种责任心会使创新主体在思想意识中产生一种使命意识，促使自己坚持不懈地努力，最终获得创新成功。

（五）勇气

仅有创新欲望、创新意识是不够的，还要有创新的勇气。由于创新是对旧理论、旧观念的怀疑、突破，是对权威的挑战。创新有可能成功，也有可能失败。因此，既要敢于质疑，敢于创新，同时又要有充分的思想和心理准备，勇于承担因创新而带来的风险。

二、创新的障碍

创新过程必然会存在各种各样的障碍，这些障碍主要存在于创新者所在的环境和创新者自身。

从环境来看，创新者所遇到的障碍主要有经济、政治、文化和社会等因素，要克服这些障碍，就需要给创新者创造一个开放的、合作的、心理安全的社会环境和文化环境。创新环境如何，对于能否聚集创新要素、挖掘创新潜能至关重要。

从创新者自身来说，障碍主要存在于意识、思维和行为当中，需要创新者在积累一定的知识、经验基础上，掌握科学的思维方式和创新方法，逐步提高自身的创新能力。

三、创新意识的培养

创新意识是大脑思维功能和社会实践能力的综合体现。美国创造心理学家格林提出，创新能力由十个要素组成，即知识、自学能力、好奇心、观察力、记忆力、客观性、怀疑态度、专心致志、恒心和毅力；国内学者提出创新能力由智力因素和非智力因素构成，其中智力因素包括观察力、记忆力、想象力、直觉力、逻辑思维力、辩证思维力、选择力、操作力、表达力等；非智力因素包含创造欲、求知欲、好奇心、挑战心、进取心、自信心、意志力等。培养创新意识，主要是在掌握大量知识和经验的基础上，塑造创新性人格，开发创新性思维，培养批判性思维，掌握创新方法，并积极将这些应用于解决实际问题当中。

培养创新意识，要勤于思考、善于思考。孔子说过："学而不思则罔，思而不学则殆。"经常思考的人，生活中便多了许多乐趣。著名科学家爱因斯坦曾说："我思考、再思考，经过几个月、几年……九十九次的结论都是错的，可是到了第一百次，我是对的。"思考磨砺了智慧，改变了世界。

创新案例

美国《未来学家》杂志登载的论文《像天才那样思考》中列举了八种天才的思维方法。

（1）天才们以多角度考虑问题。

（2）天才使自己的思想形象化。

（3）天才善于创造。

（4）天才进行独创性的组合。

（5）天才设法在事物之间建立联系。

（6）天才从相对立的角度思考问题。

（7）天才对变化有所准备。

（8）天才善于比喻。

思 考 与 讨 论

（1）培养创新意识，需要有＿＿＿＿，克服＿＿＿＿，善于思考并勇于实践。

（2）创新过程中，责任心有两种：一是对＿＿＿＿的责任心，这是宏观的；二是对＿＿＿＿的责任心，这是微观的。

（3）什么是创新心理需求？它是如何产生的？

（4）从环境和创新者自身来说，创新障碍表现在哪些方面？如何打破这些创新障碍？

（5）中职生如何培养创新意识？

活动与训练

学生对自己进行剖析，分析自己的创新意识水平。然后与同桌交换意见，听取对方的意见，也可听取老师和其他同学对自己的评价。最终形成个人创新意识诊断。

单元二　认识创新思维

学习目标

（1）理解思维的概念，掌握思维的过程。

（2）理解创新思维的含义。

（3）理解创新思维的特征。

（4）能够运用创新思维的有关知识指导创新活动。

导入案例

夏季到了，西红柿成为重要的应季蔬菜，成为千家万户餐桌上的"常客"。不过人们总是感叹，现在的西红柿没有以前的好吃，皮厚，口感不佳。这是怎么回事呢？

20世纪初，欧美国家就已经实现农业机械化。然而，能自动摘收西红柿的机器始终没有被发明，主要是因为西红柿的皮太柔嫩，使用机械很可能抓得过紧而将西红柿夹碎。那么，怎样才能实现自动摘收西红柿呢？解决这个问题有两种不同的思维方式：第一种方式是致力于研究控制机器的抓力，使其既能抓住西红柿，又不会将西红柿夹碎。但是，这项研究始终未能成功。第二种方式则是采用了一种从问题的源头解决的办法，即研究如何才能培育出韧性十足、能够承受机器夹力的西红柿。沿此思路，人们成功培育出一种硬皮西红柿（图2-3）。

图 2-3　西红柿的机器采收

思考：对于西红柿的品种与机器之间的矛盾，你有什么解决思路？

知识储备

一、思维的概念与过程

　　"思维"在《词源》中有"思索、思考"的意思。思维科学认为，思维是人接受信息、存储信息、加工信息及输出信息的活动过程，也是概括地反映客观现实的过程。

　　思维是对信息进行反馈及加工的过程，典型的思维过程由准备、立题、搜索、捕获和解释构成。

　　（1）**准备**。在此阶段，人们通过学习性或搜集性的形式积累信息。在"大众创业、万众创新"的时代，中职学生的信息积累应该是多样的，学习的积累更多地应以提升自身综合素质，努力具备创新创业精神、创新创业素养、创新创业能力为方向。

　　（2）**立题**。在创新创业的过程中，立题体现为对已经收集的项目信息或创业需要信息进行总体的思考，进行有目的性的甄选，选择有用的信息进行再次深化、总结、思考，为后面的项目进行或创业运营打下基础。

　　（3）**搜索**。搜索是明确目标下的思维，是围绕目标进行的有针对性的、全方位的思维。在创新创业过程中，围绕项目目的或经营目的，对信息进行新的加工，在加工的基础上得到更进一步的信息，并能够针对问题提出针对性解决方案。

　　（4）**捕获**。捕获有实事捕获和思想捕获两种形式。实事捕获常常来自资料查询和实验观察等。思想捕获更能使问题的解决跃上一个新的台阶。

　　（5）**解释**。解决问题的过程随着搜索、捕获而逐渐升级，逐渐明朗化，经适当步骤之后，再实行一次对全过程的综合整理，即为解释。在校学习期间，中职学生应抓住可能的机会，在项目的锻炼中，在创业的经营中，突破思维的局限与障碍，最终实现思维方式的质的提升。

二、创新思维的内涵

（一）创新思维的含义

　　创新思维，既有一般思维的特征，又有其独特的魅力特征。

　　有人认为创新思维是指以新颖、独创的方法解决问题的思维过程，通过这种思维能突破常规思维的界限，以非常规甚至反常规的方法、视角去思考问题，提出与众不同的解决方案，从而产生新颖的、独到的、有社会意义的思维成果。

　　有人认为创新思维是人类思维的高级形式，它运用逻辑思维和非逻辑思维揭示事物的本质属性、内部规律和事物之间的非常规的活动轨迹，创造出独特的、新颖的和有社会价值的成果。

　　也有人认为创新思维是在客观需要的推动下，以获得新的信息和已储存的知识为基础，综合地运用各种思维形式和思维方式，克服思维定式，经过对各种信息、知识的匹配、组合，或者从中选出解决问题的最优方案，或者系统地加以综合，或者借助类比、直觉、灵感等思维方式创造出新理论、新方法、新概念、新形象、新观点，从而使认识或实践取得突破性进展的活动。

　　从以上各种观点可以看出，创新思维主要有以下几个层面：①创新思维和常规思维不同，需要突破常规思维，具有新的特点；②创新思维可以体现为方法或者解决方案，总的来说是各种思维的综合运用；③创新思维的最终结果是产生新的社会价值或成果，以社会客观需要为前提。

　　在我们的日常工作生活中，创新思维在本质上更重要的是将创新意识的感性愿望提升到理性的探索上，实现创新活动由感性认识到理性思考的飞跃。

（二）创新思维的特征

　　创新思维与一般思维相比，就是以新颖、独创的方式方法来解决问题。不同于一般的思维活动，创新思维就是要求打破常规，将已有的知识轨迹进行改组和重建，创造出新的思维成果。创新思维以不断发展变化的动态社会为基础，不局限于某一种思维模式，是一种灵活多变的、富于探索性的、以不断变化的现实为标准的思维形式。和充满活力的中职学生一样，创新思维也追求个性。

1. 创新思维的求异性

　　创新思维的本质是求异、求新，具有前所未有的特征。创新思维本身就是一个求异性的思维方式。求异性又叫作新颖性、原创性和突破性。而所谓求异性，是指在认识过程中着力于发掘客观事物之间的差异性、现象与本质的不一致性、已有知识与客观实际相比而具有的局限性等，是对常见现象和人们已有的习以为常的认识持怀疑、分析、批判的态度，在怀疑、分析和批判中去探索符合实际的客观规律。换句话说，也就是学会用"新眼光"去看待问题，突破思维惯性。

　　比如，可以在原料、结构、性能、材料、外形、色彩、包装乃至加工上找到新的方法。

　　一个好的创意会让人产生眼前一亮的感觉，这就源于创新思维的新奇，也就是求异性。如果老调重弹、平平淡淡，必然乏味。

2.创新思维的突发性

突发性又叫作偶然性、意外性、非逻辑性。创新思维总是表现为在时间上以一种突然降临的情景标志着某一种突破的获得，表现了一种非逻辑的特征，这是在长期量变基础上的爆发性的质的突破。一般思维往往是逻辑思维，是在长期研究基础上顺理成章的结果，在时间上往往是顺延的。

当然，创造性成果的产生，是研究者长期观察、研究、思考的结果，是创新思维活动过程的产物。在这一过程中，往往存在着对于形成创造性成果有关键、决定作用的突发性思维转折点。"山穷水尽"时突然看到"柳暗花明"。这种突发性和偶然性表现在：思想火花的爆发没有固定的时机，它的出现带有极大的随机性。

不管是突然悟到还是灵光一现，均表现了创新思维的这种突然降临的特征，都是在长时间思考的基础上的一个突破。一种新思想，可以是在读书时由于某段精辟的论述而突然萌发；也可以是在乘车、漫步、看戏、参加体育比赛时由一句台词或一个偶然的动作得到启发而爆发出来的；还可以是在与人讨论问题时突然受到启发而产生的某种新鲜见解；等等。创意的迸发不分场合、地点和时间，任何事物和事件都会给你带来灵感，让你在思维领域产生突破。

3.创新思维的敏捷性

思维的敏捷性是良好心理品质的前提。敏捷性是指在短时间内迅速调动思维能力，具备积极思维、周密考虑、准确判断的能力，还必须依赖于观察力以及良好的注意力等优秀品质。没有对事物敏锐的洞察力和反应能力，很难从众多事物中发掘到"潜力股"、找到创新的起点。

4.创新思维的专一性

量变是质变的必要准备，质变是量变的必然结果。好创意的产生不是"三天打鱼，两天晒网"的结果，它需要专一的目标、持之以恒的思考、坚持不懈的努力。它与毫无根据的胡思乱想是有根本区别的。人们要进行创新思维，就要有专一性和确定性。创新思维心理学实验证明：当人的活动具有专一目标时，效率高；而当"一心二用"时，效率会大大降低。专一的目标越鲜明、越强烈，思维活动就越易集中，聚集于一个突破点上，产生聚焦突破效果。

所谓专一性，是指导引思维目标的确定性，是导引思维过程中已有概念、事物在显意识与潜意识两个层次的集中与凝聚的特征。而创新思维最重要的条件是所研究的问题已经成为研究者的优势目标，即心理学上所说的"优势灶"。专一性是创新思维的基本特性。

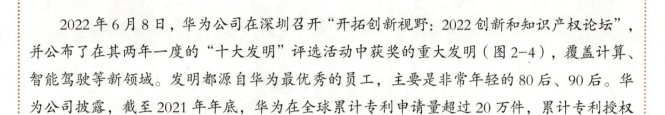

2022年6月8日，华为公司在深圳召开"开拓创新视野：2022创新和知识产权论坛"，并公布了在其两年一度的"十大发明"评选活动中获奖的重大发明（图2-4），覆盖计算、智能驾驶等新领域。发明都源自华为最优秀的员工，主要是非常年轻的80后、90后。华为公司披露，截至2021年年底，华为在全球累计专利申请量超过20万件，累计专利授权量超过11万件。每一次的创新看似偶然而绝非偶然，偶然是必然的结果。

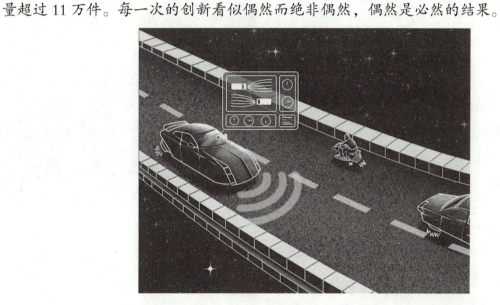

图2-4　2022年度华为十大发明——基于多目标博弈的智能驾驶决策方案

思 考 与 讨 论

（1）_____是人接受信息、存储信息、加工信息及输出信息的活动过程，也是概括地反映客观现实的过程。

（2）创新思维的本质是_____，具有前所未有的特征。

（3）简述思维的过程。

（4）试概括创新思维的含义。

（5）简述创新思维的特征。

活动与训练

任意选出以下两种物体并列出来，你可组合出哪些有意义、有价值的东西？

计算机	咖啡机	百合花	太阳镜	门前的地垫
浴缸	手机	防晒液	卧室	电视机
切片机	雕塑	吊床	电脑	窗户
真空吸尘器	汽车	票	饼干罐子	驱虫剂

单元三 破除创新思维障碍

学习目标

（1）理解思维定式的含义，了解思维定式的积极作用和消极作用。

（2）了解常见的几种创新思维障碍，掌握破除创新思维障碍的方法。

（3）能够对个人创新思维进行诊断，判断自己存在的创新思维障碍。

（4）在自我诊断的基础上加强训练，破除创新思维障碍。

导入案例

一位心理学家请学生自愿做他的被试者，并告诉他们这个实验的目的是研究人的视觉情况的。当某个来参加实验的学生走进实验室的时候，他发现已经有五个人先坐在那里了，他只能坐在第六个位置上。事实上他不知道，那五个人是跟心理学家串通好了的假被试者。

心理学家要大家做一个非常容易的判断——比较线段的长度。心理学家向大家出示两张卡片，其中一张画有标准线 X，另一张画有三条直线 A、B、C。X 的长度明显地与 A、B、C 三条直线中的一条等长。实验者要求被试判断 X 线与 A、B、C 三条线中哪一条线等长（图 2-5）。实验者指明的顺序总是把真被试者安排在最后。

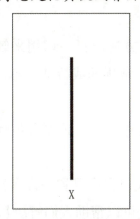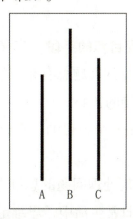

图 2-5　实验用卡片

然而，在两次正常判断之后，五个假被试者故意异口同声地说出一个错误答案。于是许多真被试者开始迷惑了，他是坚定地相信自己的眼力呢，还是说出一个和其他人一样、但自己心里认为不正确的答案呢？

结果当然是不同的人有不同程度的从众倾向，但从总体结果看，平均有 37% 的人判断是从众的，有 75% 的人至少做了一次从众的判断。

思考：案例中的试验反映了哪种创新思维障碍？

知识储备

一、思维定式

所谓思维定式，就是按照已有的思考和解决问题的思维规律，以及不断积累的思维活动经验教训，在长期不断反复使用过程中形成相对比较稳定、定型化的思维方式、路线、模式和程序。

（一）思维定式的积极作用

思维定式对于问题解决具有极其重要的意义。在问题解决活动中，思维定式的作用是：根据面临的问题联想起已经解决的类似的问题，将新问题的特征与旧问题的特征进行比较，抓住新旧问题的共同特征，将已有的知识和经验与当前问题情境建立联系，利用处理过类似的旧问题的知识和经验处理新问题，或把新问题转化成一个已解决的熟悉的问题，从而为新问题的解决做好积极的心理准备。

具体地说，在问题解决中，思维定式主要包括以下三方面内容。

（1）定向解决问题总要有一个明确的方向和清晰的目标，否则，解题将会陷入盲目性。定向是成功解题的前提。

（2）定向方法是实现目标的手段。广义的方法泛指一切用来解决问题的工具，也包括解题所用的知识。不同类型的问题总有相应的、常规的或特殊的解决方法。定向方法能使我们对症下药，它是解题思维的核心。

（3）定向解决问题是一个有目的、有计划的活动，必须有步骤地进行，并遵守规范化的要求。

思维定式是一种按常规处理问题的思维方式，它可以省去许多摸索、试探的步骤，缩短思考时间，提高效率。在日常生活中，思维定式可以帮助人们解决每天碰到的 90% 以上的问题。但是思维定式不利于创新思考，不利于创造。

（二）思维定式的消极作用

思维定式对问题解决既有积极的一面，也有消极的一面，它容易使我们产生思想上的惰性，养成一种呆板、机械、千篇一律的解题习惯（图 2-6）。当新旧问题形似质异时，思维定式往往会使解题者步入误区。大量事例表明，思维定式确实对问题解决具有较大的负面影响。当一个问题的条件发生质的变化时，思维定式会使解题者墨守成规，难以涌出新思维，做出新决策。

图 2-6　思维定式容易使我们养成呆板、机械的解题习惯

不同的事物之间既有相似性，又有差异性。思维定式所强调的是事物间的相似性和不变性。在问题解决中，它是一种"以不变应万变"的思维策略。所以，当新问题相对于旧问题，是其相似性起主导作用时，由旧问题的求解所形成的思维定式往往有助于新问题的解决。而当新问题相对于旧问题，是其差异性起主导作用时，由旧问题的求解所形成的思维定式则往往有碍于新问题的解决。

从思维过程的大脑皮层活动情况看，定势的影响是一种习惯性的神经联系，即前次的思维活动对后次的思维活动有指引性的影响。所以，当两次思维活动属于同类性质时，前次思维活动会对后次思维活动起正确的引导作用；当两次思维活动属于异类性质时，前次思维活动会对后次思维活动起错误的引导作用。

二、创新思维障碍

（一）从众型创新思维障碍

从众，即指一切服从众人，按众人的意志说话、办事的心理和行为现象。通俗地说，就是"随大流"。它是思维定式中最常见、最典型的表现之一。思维从众倾向比较强烈的人，在认识事物、判断是非的时候，往往是附和多数，人云亦云，缺乏自己的独立思考和主见。从众思维定式对个人来说，使人有一种归属感和安全感，能够消除孤单和恐惧心理，也是一种比较保险的处世态度。具有从众思维定式的人不仅没有主见，在一定情况下甚至会随着众人犯错误，当然更不可能有什么创新了。

因此，要获得正确的思维方式并具有创新精神，就不能人云亦云、随波逐流，而应该有自己独立的见解。

破除方法：开动脑筋，想出一种与众不同的观念，这个观念只要与人们的日常习惯相冲突就可以，不追求高明和实用。然后把自己的新观念告诉朋友和家人，听听大家的反响。在这个过程中，既能体会社会的从众势力有多强大，也能锻炼你"反潮流"的胆量。面对大家的指责、嘲讽和反对，你应心平气和地辩解，尽力说服他们，让多数人承认新观念中有可取之处。当然，你还可以发明或改进一种物品，只要与传统观念中的物品不同就行，同样要大力宣传、辩护，仔细观察不同人的不同反应。通过这类练习，你能够体会到众人的评论和嘲笑没什么了不起，从而逐渐削弱思维中的从众思维定式。

（二）权威型创新思维障碍

在思维领域，不少人习惯于引证权威的观点，不假思索地以权威的是非为是非。可以说，有人类群居的地方就有权威，权威是任何时代、任何社会都存在的现象。人们对权威普遍存在崇拜之情，这是可以理解的，然而这种尊崇常常演变为神化和迷信。一旦发现与权威相违背的观点或理论，便想当然地认为其必错无疑，甚至大张挞伐。这就是创新思维的另一重大障碍，即权威型障碍。

当然，对权威的质疑不是信口开河，而是需要理论和实践的论证，最终验证自己的怀疑是正确的。

破除方法：以权威人物的某种论断进行突破权威型障碍的训练。找出某位权威人物的某种论断，一是要求这种论断尽管是正确的，但却与人们的常识或直觉相违背；二是要求这段论断的传播范围比较窄，一般人不太了解。然后，你把这一权威论断告诉周围的人，但不要打着权威旗号，比如可以说成自己或朋友的新发现，听别人的反应和评价。你还可以把同一论断告诉另外一些人，首先声明是某权威的观点，把大家的反应和评价进行比较，看从中能悟出什么道理。

（三）书本型创新思维障碍

不少人都有这种习惯或者说是毛病，就是总以为书上的内容都是对的，是无须考证、毋庸置疑的，因此，读书时不怀疑、不辨别，而是全盘接受，书本上怎样说，自己也就怎样说、怎样做，最终被书本所主宰，成了书本的"奴隶"。这种读书的态度是错误的、有害的。书是人类知识和实践经验的总结，是人类进步的阶梯，书当然还是应该读的，但是一定要采取怀疑和批判的态度去读，否则，就无法判断正确与错误。当理论与事实发生矛盾的时候，人们只能修改理论使之与事实相适应，而不应该本末倒置地要求事实去符合理论，这才是唯一正确的选择。

破除方法：书本上提供的答案往往是"唯一的""标准"答案，它会束缚头脑，降低创新意识。如果我们面对一个问题，尽可能多地给出越新奇越好的答案，创新思维水平就可以提高。例如："大雁为什么向南飞？"答案：向北飞要飞过北极会饿死；向北飞路太远；去会见去年结识的朋友海鸥；锻炼小天鹅的翅膀，免得沦落为"抱大的一代"；消耗身上的脂肪以治疗肥胖症……

大家就以下问题设想多种答案：

面条是怎样做成的？

天空为什么是蓝的？

浪花为什么是白的？

熟人见面为什么要打招呼？

花朵为什么颜色不同？

（四）经验型创新思维障碍

在一般情况下，经验是我们处理日常问题的好帮手。只要有某一方面的经验，处理问题时就能得心应手。特别是一些技术管理方面的工作，非要丰富的经验不可。但是我们也要看到，经验是具有稳定性的东西，也有其负面效应。这种负面效应的表现就是，可能导致人们对经验的过分依赖，形成固定的思维模式。这样一来，就会削弱人们头脑的想象力，制约人们的创新意识。也就是说，经验具有很大的狭隘性，在某种情况下，甚至可能成为束缚人们思维的枷锁（图2-7）。

图2-7　新乌鸦喝水

因此，我们既要借鉴以往的好经验，又不能仅仅依赖于经验，要善于根据新的实践，创造性地总结新的经验。

破除方法： 经验大部分是通过感觉得来的，而感觉中由视觉获得的信息占全部信息的85%以上。过分发展的视觉反而妨碍了其他感官功能的发挥，有必要体会一下盲人的感觉，来充分发挥其他感觉的功能，使你获得意想不到的丰富的外界信息。训练方法是：用布或者完全不透光的眼镜使自己看不到外界，先在室内走动，再去室外熟悉处走走，最后在朋友的引领下到陌生的地方走一圈，这种地方最好是景观、人员等比较集中的地方，完全依靠你的听觉、触觉、方向感和平衡感去了解外界。如此训练几次，肯定会有丰富的收获。

（五）自我中心型创新思维障碍

"自我中心型"就是"自以为是"。在日常的思维活动中，人们自觉或不自觉地按照自己的观念、站在自己的立场、用自己的目光去思考别人乃至整个世界，由此产生了自我中心型思维定式。

在这种思维定式的束缚下，个人的思考以自己为中心，听不进别人的意见和建议，总认为自己的思考没有任何问题，是完全正确的，甚至认为就是真理。岂知，所谓"真理"都是相对的，具有一定的时空性，在这一场合正确的观点，换个场合也许就是错误的；现在没有问题的知识，随着时间的推移就不一定没有问题了。

每个人都会犯错误，承认自己的错误，多听取别人的意见和建议，对我们的进一步思维也许起到了抛砖引玉的作用。

破除方法：当别人对你的某种观点提出质疑时，不妨让自己冷静一段时间。过一段时间，你再考虑这个问题，并思考别人给你的建议，也许你会改变自己的想法。如果条件允许，可以尝试一下别人给你的建议，看效果如何，和自己的做个对比。

（六）习惯型创新思维障碍

习惯是一种循规蹈矩的形式。习惯使我们不饥而食，不困而眠，不思而行，不禁而止。习惯之所以成为创新思维的障碍，是因为人们对习惯的事物失去了敏感性，反应变得迟钝，甚至熟视无睹，发现不了问题，当然也谈不上解决这些问题。习惯之所以成为创新思维的障碍，还因为惯性非常容易成为惰性，而惰性历来是创新的大敌，它压制不符合习惯的思想，阻止对习惯的改变。

在人生历程中，常规学习、常规工作、常规生活使我们每个人都形成了一套惯用的套路、惯用的格式、惯用的模型。一遇到问题，我们便会不假思索地将它引入自己的套路、格式、模式之中，从中寻求答案。久而久之，这种套路、格式、模式就成为一种习惯和定式。但正是因为它的这种特性，有时它们也会转化成无形的包袱或绊脚石，使我们自我设限、故步自封，从而制约和扼杀了自身的思考潜能。创造性思维追求出新，绝不与他人雷同，更不能落入定型的套路、格式、模式之中。

破除方法：任何事情以不同的方式思考，都可能会有完全不一样的结果。固定的思维模式是人生的大敌，当我们被某个思维定式主导时，往往很难看清楚一些事物的本质。生活中不是缺少奇迹，而是缺少发现。世界上许多奇迹的诞生就是以不同思维方式思考的结果，我们唯有具有挣脱思维枷锁的勇气和智慧，属于自己的奇迹才有可能出其不意地降临。

（七）自卑型创新思维障碍

自卑感也是开发创造性、进行创新思维的一大障碍。自卑者怕失败，怕犯错误，怕自己表现得愚蠢，遭到别人的嘲讽，从而不敢尝试，不敢冒险，堵塞了创造性思维产生的源泉。缺乏自信心最会妨碍创造性思维的产生。过分地自我批判是妨碍创造性思维的又一个心理障碍。这种人往往过于责备自己，对自己的成就和行为过分挑剔。认真、精益求精固然是好事，但凡事都有一个尺度，不能把尺度片面地夸大或绝对化。畏惧思想，是创造性思维最大的障碍，因为有了畏惧思想，就会谨小慎微，患得患失，怕失败、怕犯错误、怕困难。畏惧会磨灭人的想象力和创造精神，使人丢失了许多有可能获得成功的机会。

破除方法：首先，树立自信心。没有自信，就是对自己各方面能力不信任，对自己能否进行丰富的想象和创造性活动持否定或模棱两可的态度，最终不敢前进，没有独创性成果。其次，切勿过分地自我批判。过分地自我批判，主要是不能客观、公正地估计自己，如认为自己没有创造力，或是认为自己没受过某种专业训练等。最后，克服畏惧思想。创造者是不应该怕失败的，失败是成功之母。

（八）偏见型创新思维障碍

当某种观念为人们所普遍接受后，会在人们的头脑中相对固定下来，成为一种固定的观念。人们常说的传统观念就是固定观念的一种重要表现形式。固定观念对于人们学习知识、阐述问题、利用知识从事常规性工作是必不可少的。然而对于发展、拓宽创新思维就会成为一种阻碍。固定观念使已有的知识、观念在人们和新事物、新现象之间形成了某种屏障，总是觉得熟悉的事物比较有安全感，易对新事物有所猜忌、犹豫，使人们的思维无法实现突破（图2-8）。在固定观念的影响下，人们往往会利用已有的经验过早地作出判断，而把新构想的幼芽扼杀在摇篮里。

破除方法：要破除固执和偏见，必须挑战主导观念，而挑战主导观念的关键在于找出主导观念，一旦找出主导观念，解题的新思路就会水到渠成。向"毋庸置疑"挑战，首先要训练找出主导观念。针对你要解决的问题，先整理出占据头脑的主导观念。主导观念的特征是：当一个问题发生时，思考者不由自主首先想到甚至是不假思索就跳出来的解题方法。这种方法往往常人都能找到。

图 2-8　偏见型思维定式

思 考 与 讨 论

（1）什么是思维定式？它对创新有哪些消极作用？

（2）常见的创新思维障碍有哪些类型？

活动与训练

我们在单元一对自己的创新意识进行了诊断，现在再来判断一下自己存在哪些创新思维障碍，并与同桌交换意见，形成新的诊断书，思考如何破除自己存在的创新思维障碍。

单元四　训练创新思维

学习目标

（1）理解发散思维的含义，掌握发散思维的训练方法。

（2）理解收敛思维的含义，掌握收敛思维的训练方法。

（3）理解逆向思维的含义，掌握逆向思维的训练方法。

（4）理解联想思维的含义，掌握联想思维的训练方法。

（5）理解灵感思维的含义，掌握灵感思维的训练方法。

（6）理解想象思维的含义，掌握想象思维的训练方法。

（7）理解组合思维的含义，掌握组合思维的训练方法。

（8）不断积累，进行有针对性的训练，培养创新思维，提升创新素养。

导入案例

　　某中职学校学生程真的父母开办了一家小型旅馆，价格便宜，生意不错。不过，让程真父母苦恼的事情是每次顾客交付押金和房费时，往往都是使用面值较小的人民币，去买一台专业的验钞机，似乎不太划算。所以，程真就有了自己设计一台简易验钞机的念头。程真利用平时旅馆用来登记信息的微机终端控制，研发了微机鼠标控制的自制验钞鼠标。

　　程真把鼠标滚轮中键和验钞开关结合在一起，验钞时只要按住滚轮中键就行。至于验钞口的位置只要顺手即可。

　　程真对现有的鼠标进行改造，使其拥有验钞功能，成本低且具有一定的实效，给零售业主带来了便利。

　　思考：创新最重要的是什么？

知识储备

　　创新思维使人能突破思维定式思考问题，从新的思路去寻找解决问题的方法。本单元将介绍几种常见的创新思维形式及其训练方法。

一、发散思维及其训练

（一）发散思维的含义

发散思维又称辐射思维、放射思维、扩散思维或求异思维，是指大脑在思维时呈现的一种扩散状态的思维模式。它表现为思维视野广阔，思维呈现出多维发散状，即可以通过从不同方面思考同一问题，如"一题多解""一事多写""一物多用"。发散思维是多向的、立体的和开放型的思维。

发散思维的模式是给出一个问题，在一定时间内，以该问题为中心，向四面八方做辐射状的积极思考，无任何限制地探寻各种各样的答案。图2-9为发散思维轨迹示意图。

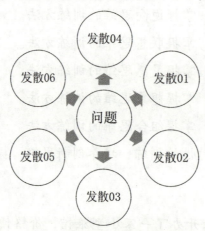

图 2-9　发散思维轨迹示意图

（二）发散思维训练

（1）用途发散。 用途发散就是以某物品作为发散点，设想出它的多种用途。用途发散训练的题目形式是"在一定时间内说出某物品的各种用途"。用途发散有两种思维方式：一是根据物品的特征进行发散，想出可能的用途；二是进行强制性的思维发散，即随便想出一个事物，把该事物和作为发散点的事物强制地联系在一起，寻找作为发散点物品的新用途。

思维训练：

以铅笔为发散点，限时5分钟，从用途发散的两种思维方式考虑，铅笔有多少种用途？至少回答10种。

（2）功能发散。 功能发散是从某事物的功能出发，构想出获得该功能的各种可能性。

思维训练：

今年夏天天气特别炎热，如何能够达到凉快的目的？

（3）结构发散。 结构发散是以某个事物的结构为扩散点，设想出利用该结构的各种可能性的思维活动。

思维训练：

尽可能地写出包含方形结构的事物。

（4）**形态发散。**形态发散是以事物的形态（如颜色、形状、声音、味道、明暗等）为发散点，设想出利用某种形态的各种可能性。

思维训练：

利用椭圆形可以做什么事情？

（5）**组合发散。**组合发散是以某一事物为发散点，尽可能多地设想出与另一事物联结成具有新价值的新事物的可能性。

思维训练：

以椅子为发散点，按照组合发散的思维方式，能够有哪些新事物产生（至少10种）？其中，哪些比较有创意？

（6）**方法发散。**方法发散是以人们解决问题或制造物品的某种方法为扩散点，设想出利用该种方法的各种可能性。

思维训练：

用"推"的方法可以办哪些事情或解决哪些问题（至少10种）？

（7）**因果发散。**因果发散是以某事物发展结果起因为扩散点，设想出该事物出现的原因或该事物可能产生的结果。

思维训练：

打网球的时候，球拍忽然断了，出现这种情况的原因有哪些？后果有哪些？

（8）**关系发散。**关系发散是从某一对象出发，尽可能多地设想它与其他对象之间的关系。关系发散有以下两种方式：一是从某一事物出发，尽可能设想出与其他事物的各种关系；二是给出两个事物，说出这两个事物之间的各种关系。

思维训练：

狗和熊猫有哪些关系？

二、收敛思维及其训练

（一）收敛思维的含义

所谓收敛思维，是指以某个思考对象为中心，尽可能运用已有的经验和知识，将各种信息重新进行组织，从不同的方面和角度，将思维集中指向这个中心点，从而达到解决问题的目的。图 2-10 为收敛思维轨迹示意图。

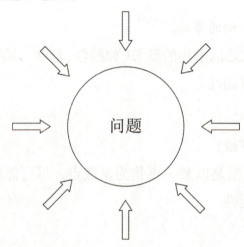

图 2-10　收敛思维轨迹示意图

　　发散思维和收敛思维，是人们进行创造活动时，运用的两种不同方向的思维。两种思维的辩证关系是：发散思维与收敛思维在思维方向上互补，并在思维过程中互补，是创造性解决问题所必需的。发散思维向四面八方发散，收敛思维向一个方向聚集，在解决问题的早期，发散思维起到更主要的作用；在解决问题后期，收敛思维则扮演着越来越重要的角色。

（二）收敛思维训练

　　（1）聚合显同法。就是把所有感知到的对象按照一定的标准"聚合"起来，显示它们的共性和本质。

　　（2）层层剥笋法（分析综合法）。我们在思考问题时，最初认识的仅仅是问题的表层（表面），然后层层分析，向问题的核心进一步逼近，抛弃那些非本质的、繁杂的特征，以便揭示出隐藏在事物表面现象下的深层本质。

　　（3）目标确定法。这个方法要求首先要正确地确定搜寻的目标，进行认真的观察并作出判断，找出其中关键的现象，围绕目标进行收敛思维。目标的确定越具体越有效，这就要求人们对主客观条件有一个全面、正确、清醒的估计和认识。

　　（4）聚焦法。聚焦法是指在思考问题时，有意识、有目的地将思维过程停顿下来，并将前后思维领域浓缩和聚拢起来，以便帮助我们更有效地审视和判断某一事件、某一问题、某一片段信息。

思维训练：

①请说出家中既发光又发热的东西。找出它们的共同点。

②请写出海水与江水的共同之处，越多越好。

三、逆向思维及其训练

（一）逆向思维的含义

逆向思维是从相反的、对盘的、颠倒的角度思考问题。把事情从反面来考虑，或者说颠倒过来考虑，会促使我们产生意想不到的创意，这就是逆向思维，又叫逆向构思法。

在创造中，人们经常使用具有挑战性、批判性和新颖性的逆向思维来启发思路，逆向思维的本质是知识和经验向相反方向转移（图2-11），是对习惯性思维的一种自觉冲击，所以，这种从对立的、颠倒的、相反的角度去想问题的方式往往能打破常规，破除由经验和习惯造成的僵化的认知模式，因而能为创造扫清障碍。

图2-11　逆向思维

（二）逆向思维训练

（1）**作用颠倒**。一个事物对另一个事物来说，既可以起正作用，也可以起反作用。人们通过采取一定的措施能够改变事物所起的作用，其中也包括能够通过使事物某方面的性质、特点发生改变，起到同原有作用正好相反的作用。基于这样的事理，如果我们对事物的某种作用进行逆向思维，就有可能想出更好利用该事物或与该事物相关的新设想、新主意。

思维训练：

手机是当今社会不可缺少的物品。手机对人们来说有哪些有利作用，有哪些不利作用？对于不利作用，如何将其变为有利作用？

（2）**方式颠倒**。事物都有自己"起作用的方式"，它也是事物的一种基本属性。此方式发生变化，事物的性质、特点和作用也会随之变化。我们如果从某种需要出发，采取一定的措施，使某一事物起作用的方式有所颠倒，那就可能会引起事物的性质、特点或功能相应地产生符合人们需要的某种改变。基于事物同其起作用的方式之间的这种客观存在的关系，就可以进行创新思考，也可以就事物起作用的方式颠倒过来想。

思维训练：

我们平时洗脸的时候，一般会打开水龙头，让水从水龙头中流下来，然后我们手捧着水洗脸，或者用洗脸盆接点水洗脸。关于水的流向能有什么创新吗？

（3）**过程颠倒**。事物起作用的过程具有确定的、显著的方向性。过程颠倒作为一种逆向思维的创新思考方法是指：事物起作用的过程一旦方向有所颠倒，人们对它的认识和态度便会有所改变。所以，如果有意识地就事物起作用的过程从相反的方向思考，便有可能从中引发新的设想。

　　思维训练：

生活中有哪些运用过程颠倒的例子？

　　（4）位置颠倒。两个（以及多个）事物之间在空间上总是保持着一定的位置关系。从甲所处的位置看乙与甲的关系，从乙所处的位置看甲与乙的关系，得出的认识往往不同。在创新思考过程中，将事物之间的位置关系颠倒过来思考，也有可能产生新的看法和设想。

　　思维训练：

试着倒立看这个世界，你会有什么发现？

　　（5）结果颠倒。结果颠倒是指对具有因果关系的事物，从作为结果的事物乙出发，倒回去思考作为原因的事物甲，以及思考事物乙发生、发展的过程，往往能获得新的认识和设想。

　　思维训练：

生活中有哪些事物和现象是利用结果颠倒发现的？

　　（6）观点颠倒。理论观点是人主观意识的产物，既然我们可以对客观事物进行逆向思维，那么对思想观点自然也可以，也就是将一种观点从相反的方向思考，以便从中获得新的认识，形成新的见解。

　　思维训练：

试举出体现观点颠倒的案例。

四、联想思维及其训练

（一）联想思维的含义

　　联想思维是人脑中的记忆表象由于受到诱因而发生联系的一种思维活动。是由此及彼，并同时发现它们共同的或类似的规律的思维方法。

　　联想思维是指由某一事物联想到另一种事物而产生认识的心理过程，即由所感知或所思的事物、概念或现象的刺激而想到其他的与之有关的事物、概念或现象的思维过程。简单地说，联想思维就是通过思路的连接把看似"毫不相干"的事件（或事项）联系起来，从而达到新的成果的思维过程。

（二）联想思维训练

（1）**直接类推法**。有意识地让自己突发奇想，把自己想象成所要解决问题的因素，然后运用知识的迁移来展开联想。例如，可以把自己想象成一个电子表，当电子表运行的时候是什么样的感觉？当没有电的时候，是什么样的感觉？

（2）**强迫冲突法**。强迫冲突法就是将两个截然相反的概念联系在一起，想象可能产生的各种奇怪的内涵。例如，破碎的铁片、无情的爱、可怜的富人、冰冷的火焰（图 2-12）……两个词的冲突性越大，越会有好的创意被激发出来。

图 2-12　冰冷的火焰

（3）**先确定对象，将两组对象组合在一起，说明它们之间的关系**。事物之间都是可以相互联系的，只要投入思考，一定可以在任意两个事物之间建立起联结，获得新的创意。

思维训练：

① 把自己想象成投入洗衣机中的衣服，联想整个洗衣过程，你是什么样的感觉？

② 把手机和西瓜进行联系，分别找到两种事物的特点、两种事物的相似点和差异点，是否会产生好的创意？

五、灵感思维及其训练

（一）灵感思维的含义

灵感思维也称为顿悟，它是人们借助直觉启示所猝然迸发的一种领悟或理解的思维形式。诗人、文学家的"神来之笔"，军事指挥家的"出奇制胜"，思想战略家的"豁然贯通"，科学家、发明家的"茅塞顿开"等，都说明了灵感的这一特点。它是在经过长时间的思索，问题没有得到解决，但是突然受到某一事物的启发，问题一下子解决的思维方法。"十月怀胎，一朝分娩"，就是这种方法的形象化的描写。所谓"众里寻他千百度，蓦然回首，那人却在灯火阑珊处。"就是这样一种意境。

（二）灵感思维训练

（1）**久思而至**。思维主体在长期思考数日不就的情况下，暂将课题搁置，转而进行与该研究无关的活动。恰好是在这个"不思索"的过程中，无意中找到答案或线索，完成久思未决的研究项目。

（2）**梦中惊成**。梦是以被动的想象和意念表现出来的思维主体对客体现实的特殊反映，是大脑皮层整体在抑制状态中，少数神经细胞兴奋地进行随机活动而形成的戏剧性结果。并不是所有人的梦都具有创造性的内容。梦中惊成，同样只留给那些"有准备的头脑"。

（3）**急中生智**。即情急之下做出了一些行为，结果证明，这种行为是正确的。

（4）**另辟蹊径**。思维主体在创新过程中，研究内容与兴奋中心都没有发生变化，但寻解定式却由于思维主体灵机一动而转移到与原来解题思路相异的方向。

（5）**原型启示**。在触发因素与研究对象的构造或外形几乎完全一致的情况下，已经有充分准备的研究者一旦接触到这些事物，就能产生联想，直接从客观原型推导出新发明的设计构造。

（6）**触类旁通**。人们偶然从其他领域的既有事实中受到启发，进行类比、联想、辩证、升华而获得成功。触类旁通往往需要思维主体具有更深刻的洞察能力，能把表面上看起来完全不相干的两件事情联系起来，进行内在功能或机制上的类比分析。

（7）**见微知著**。从别人不觉得稀奇的平常小事上，敏锐地发现新生事物的苗头，并且深究下去，直到有一定创新为止。

（8）**巧遇新迹**。由灵感而得到的创新成果与预想目标不一致，属意外所得。

思维训练：

①手机铃声突然响起，是一个陌生电话，在接听之前，运用直觉思维，预测一下是什么人打来的？有什么事？

②在大街上遇到一个陌生人，运用直觉思维，猜测一下他（她）的年龄、职业或家庭状况怎样？

 六、想象思维及其训练

（一）想象思维的含义

想象思维是指人脑对存储的形象进行加工、改造或重组，从而形成新形象的思维活动。

想象思维是借助形象或图像展开的，不是数字、概念或符号。所以，我们可以根据他人的描述，在头脑中塑造出各种各样的形象。比如，我们可以在读小说时想象出人物和场景的具体形象。想象中的形象源于现实但又不同于现实，它是对现实形象的超越，正是借助这种对现实形象的超越，我们才产生了无数发明创造。

（二）想象思维训练

（1）**图形想象**。一是图形意义想象，即给出一个图形，尽可能想象出图形形象所表示的东西和意义。二是图形组合想象，即给出几个图形，要求利用这些图形尽可能做出不同的组合，并说出组合出来的图形表示的事物和意义。

思维训练：

①尽可能多地写出与 S 图形相像的东西。

②给出两个三角形和两个正方形，做出不同的组合，并说明每种组合的不同含义。

（2）**制作想象**。给出一些材料，自己设计、制作出有意义的东西，或者根据具体要求，自己选材、设计和制作。

思维训练：

给你零碎的布片，请设计和制作出有意义的东西。

（3）**假想性推测**。假想性推测是假设一件一般情况下不可能发生的事情，当这个不可能事件发生后，对产生的后果进行自由想象。

思维训练：

①假如世界上没有老鼠，将会怎么样？
②假如恐龙现在还活着，将会怎么样？

七、组合思维及其训练

（一）组合思维的含义

组合思维又称"连接思维"或"合向思维"，是指把多项貌似不相关的事物通过想象加以连接，从而使之变成彼此不可分割的、新的、整体的一种思考方式。

（二）组合思维训练

（1）**主体附加法**。主体附加法是指以某一特定的对象为主体，通过置换或插入其他技术或增加新的附件而使发明或创新诞生的方法。

（2）**二元坐标法**。二元坐标法就是借用平面直角坐标系在两条数轴上标点（元素），按序轮番地进行两两组合，然后选出有意义的组合物的创新方法。

（3）**焦点法**。焦点法是以一预定事物为中心、焦点，依次与罗列的各元素一一构成联想点，寻求新产品、新技术、新思想的推广应用和对某一问题的解决途径。

思考与讨论

（1）什么是发散思维？如何训练发散思维？

（2）什么是收敛思维？如何训练收敛思维？

（3）什么是逆向思维？如何训练逆向思维？

（4）什么是联想思维？如何训练联想思维？

活动与训练

在保留表 2-1 中主体功能不变的情况下，加上其他附加物，以改善或扩大其功能，把结果填入表 2-1 内。

表 2-1　主体附加训练

主体	附加物	改进后的名称
手表		
皮靴		
钱包		
儿童车		
黑板		
钓鱼竿		

模块三

创新技法

模块导读

工欲善其事，必先利其器。方法与工具，在所有工作中都发挥着不可替代的作用。好的方法，让人事半功倍。创新方法不仅贯穿于创新过程的各个环节，而且带动着科技创新的腾飞。

知识导图

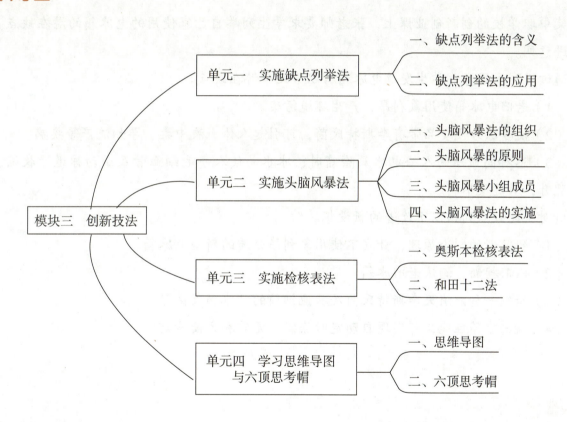

单元一 实施缺点列举法

学习目标

（1）理解缺点列举法的内涵。

（2）掌握缺点列举法的三种应用类型。

（3）能够利用缺点列举法指导创新实践，提升创新能力和创新素养。

导入案例

某中职学校的创新创业课上，张老师要求学生列举自己家使用的电冰箱的潜在缺点并提出改进意见。

通过观察和思考，学生发现电冰箱有以下几个潜在缺点。

（1）老旧电冰箱使用氟利昂，产生环境污染。

（2）使冷冻方便食品带有李斯特氏菌，可引起人体血液中毒、孕妇流产等疾病。

（3）患有高血压的人给电冰箱除霜时，冰水易使人手毛细血管及小动脉迅速收缩，使血压骤升，对健康不利。

针对上述缺点列出以下改进的新设想。

（1）研究新的制冷原理，开发不使用氟利昂介质的新型电冰箱。

（2）以旧换新，淘汰老旧冰箱。

（3）研制一种能消灭李斯特氏菌及其他细菌的"冰箱灭菌器"。

（4）改进冰箱性能，可实现自动定时除霜、无霜和方便除霜。

思考：案例中学生采用的是什么创新技法？它有哪些特点？

知识储备

一、缺点列举法的含义

人们总是期望事物能尽善尽美，然而世界上任何事物总存在这样或那样的缺点。如果有意识地列举分析现有事物的缺点，并提出改进设想，就能产生创造。缺点列举法是通过寻找产品存在的缺点并设法消除缺点来实现改进产品的方法（图 3-1）。

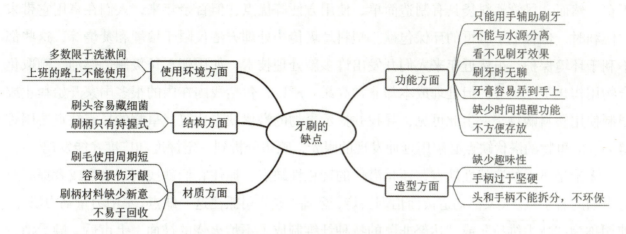

图 3-1　缺点列举法示例

　　运用缺点列举法始于发现事物的缺点，挑出事物的毛病。虽然所有事物都有缺点，但并不是所有的人都会寻找缺点。人的心理惰性往往产生一种心理障碍，认为现在的事物能达到如此水平和完善程度已经差不多了，由于对现有事物比较满意，也就不会主动去发现缺点、改进设计。因此，应用缺点列举法要有精益求精的思想基础。找出需要改进的缺点后，就必须有目的地进行创造性思考，寻找解决方案，改进现有设计，消除缺点以获得新的技术方案，达到改进产品的目的。例如，一家生产汽车喇叭继电器的小厂，为了改变产品销路不畅的被动局面，厂长和技术人员、销售人员一起对有关产品进行分析，在广泛收集用户意见的基础上，分析产品的缺点，然后针对缺点"对症下药"，设计出新产品，很快便打开了销路，销售量一年内便增长了一倍。

　　缺点列举法就是通过对事物的分析，着重找出它的缺点和不足，然后再根据主次和因果，采取改进措施，从而在原有基础上创造出新的成果。

　　缺点列举法是美国通用电子公司为了提高产品质量而提出来的，但其应用是非常广泛的。该技法不仅有助于革新某项具体产品，解决属于"物"一类的硬技术问题，而且也可用于属于"事"一类的，如企业管理等软技术问题，是一种简便有效的创造发明方法。

　　任何事物都是一分为二的，既有其能存在的优点，也有其逐渐被淘汰或需要改进的缺点。人造事物的缺点大致分为两类：一类是事物于孕育和形成过程中造成的缺点，称为"造就性缺点"，如工程设计中指导思想或计算上的失误造成铸件的砂眼、裂纹等，造就性缺点是显露的，易于较快被人们发现；另一类缺点是事物形成后，随着时间的推移、环境条件的改变，原来的优点失去了积极作用或转化为消极作用而转变的缺点，如以往的一些企业管理方法在今天已失去其进步作用。事物的转化性缺点是潜伏的，难以短期内觉察，因而认识事物的转化性缺点是需要一定过程的。例如，奥地利人马克斯·舒施尼在 1902 年发明了塑料袋，可能他怎么也不会想到，如今塑料购物袋已衍生为如此庞大的一个家族，在人类的生活中无处不在。然而，尽管塑料袋具有制造简单、使用方便等优点，但百余年来，人们在享用它带来的便利时，也背上了沉重的环保包袱。塑料垃圾传统处理方法仅限于填埋和焚烧等，这些都不利于环境保护，虽然近年来人们开发出许多新处理技术，如用塑料垃圾制造燃油、制取化合物用作化工原料等，但处理成本却非常高昂。所以，包括我国在内的很多国家开始禁止或限制使用塑料购物袋。由此可见，寻找并揭示事物的潜伏缺点比寻找事物的显露缺点要困难得多。对事物的潜伏缺点必须用延伸发现的眼光，瞭望分析到一定深度和广度才能发现。

无论是显露的造就性缺点，还是潜伏的转化性缺点，抓住它们就找到了改变或者提高原有事物的着手点。大家都知道被面怕烟头烧，德国一家公司抓住这一缺点，集中力量竭力研究，使用称为"特力维拉"或"达努非"的特种纤维制成了不怕火烧的被面，上市后，颇受消费者欢迎。

事物的缺陷按其形成原因来分，有造就性缺陷和转化性缺陷；按事物缺陷的属性来分，有功能性缺陷、原理性缺陷、结构性缺陷、造型性缺陷、材料性缺陷、制造工艺性缺陷、使用维修性缺陷等。某些旧产品，只要准确抓住其中一个缺点或若干个相关缺点，究明原因立题攻克，就能使旧产品面貌焕然一新。

二、缺点列举法的应用

（一）用户意见法

通过收集用户的各种意见，归纳整理，分类统计，企业再针对这些意见改进产品或提出新产品概念。使用用户意见法应事先设计好用户调查表，以便引导用户列举缺点，同时便于分类统计。

例如，某家电企业将新型全自动洗衣机投放市场试销后，用户指出这种洗衣机有如下缺点。

（1）洗净度不高，尤其是衣领、袖口处不易洗净。

（2）混洗不同颜色的衣物容易造成互染。

（3）衣物易绞缠，不易快速漂洗。

（二）对比分析法

把同类事物进行对比分析，很容易看到事物的差距，从而列举事物的缺点。进行对比分析，首先要确定具有可比性的参照物。例如，列举洗衣机的缺点，应将同类型的多种洗衣机进行比较。对比分析时，还应确定对比分析的项目，通常是进行功能、性能、质量、价格等方面的比较。此外，也应注意与国内外先进技术标准相比较，及时发现设计产品的优缺点，加以改进，以确保产品的技术先进性和新颖性。

（三）会议列举法

缺点列举法也可采用智力激励法的形式，即召开缺点列举会，围绕主题，循着由浅入深、由近到远的思路，先考虑列举造就性缺点，再考虑列举转化性缺点，最后从中挑选出主要缺点，进一步弄清其产生的因果关系，考虑克服或改进的对策。

针对某一产品或某一项目召开缺点列举会，以充分揭露事物的缺点。会议列举法的一般步骤如下。

第一步，由会议主持者根据需要确定列举缺点的对象和目标。

第二步，发动参加会议人员（一般5～10人）根据会议主题尽量列举缺点，并将缺点逐条写在预先准备的小卡片上。

第三步，对写在卡片上的缺点进行分类整理，确定主要的缺点。

第四步，研究探索克服缺点的办法。

第五步，缺点的分析与改进。

运用缺点列举法的目的不是列举，而是改进，因此要善于从列举的缺点中找出有改进价值的主要缺点作为创造的对象。不同的缺点对事物特性或功能的影响程度不同，分析时首先要选择对产品功能、性能、质量等影响较大的缺点作为创造的对象，使提出的新设想、新建议或新立案更有实用价值。

在分析缺点时，除了要列举那些显而易见的缺点外，更要注意挖掘那些不易被人觉察的缺点。有时，发现潜伏缺点比发现显露缺点更有创造价值。例如，有人发现普通洗衣机存在传播疾病的缺点，开发了具有高温蒸汽消毒功能的洗衣机。

思 考 与 讨 论

（1）什么是缺点列举法？

（2）什么是用户意见法？

（3）什么是对比分析法？

（4）如何开展会议列举法？

活动与训练

请用缺点列举法来设计一种新型的体温计。

提示：

（1）列出水银体温计的缺点。

（2）针对所列缺点进行分析，按照功能、安全性、使用、造型四个方面将缺点进行分类，并按照对产品的影响程度进行排序。

（3）分析水银体温计产生所列缺点的主要原因。

（4）运用材料替代等方法提出新型体温计的设计思路。

单元二　实施头脑风暴法

学习目标

（1）掌握头脑风暴法的组织。

（2）掌握头脑风暴法的原则。

（3）掌握头脑风暴小组成员的构成。

（4）掌握头脑风暴法的实施技巧。

（5）能够组织实施头脑风暴法，并利用该方法指导创新实践，提升创新能力和创新素养。

导入案例

下面是一场关于如何砸核桃的"头脑风暴"。

组长：我们的任务是砸核桃，要求多、快、好，大家有什么办法？

甲：平常在家里用牙磕，用手或榔头砸，用钳子夹，用门掩。

组长：几个核桃用这种办法行，但核桃多怎么办？

乙：应该把核桃按大小分类，各类核桃分别放在压力机上砸。

丙：可以把核桃沾上粉末一类的东西，使它们成为一般大的圆球，在压力机上砸，用不着分类。（发展了上一个观念）

丁：沾上粉末可能带磁性，在压力机上砸压后，或者在粉碎机上粉碎后，由于磁场作用，核桃壳可能脱掉，只剩下核桃仁。（发展了上一个观念，并应用了物理效应）

组长：很好！大家再想想用什么样的力才能把核桃砸开，用什么办法才能得到这些力。

甲：应该加一个集中的挤压力。用某种东西冲击核桃，就能产生这种力，或者相反，用核桃冲击某种东西。

乙：可以用气枪往墙壁上射核桃。

丙：当核桃落地时，可以利用地球引力产生力。

丁：核桃壳很硬，应该先用溶剂加工，使它软化、溶解，或者使它们变得很脆。核桃冷冻后就会变脆。

组长：动物是怎么解决这一问题的，比如乌鸦？

甲：鸟儿用嘴啄，或者飞得高高的，把核桃扔在硬地上。我们应该把核桃装在容器里，从高处往硬的地方扔，比如说在气球上、直升机上、电梯上往水泥板上扔，然后把摔碎的核桃拾起来。（类比）

乙：可以把核桃放在液体容器里，借助水力冲击把核桃破开。（物理效应）

组长：是否可用发现法，如认同、反向来解决问题呢？

丙：应该从里面把核桃破开，把核桃钻个小孔，往里面打气加压。（反向）

丁：可以把核桃放在空气室里，往里打气加压，然后再使空气室里压力锐减，内部压力就会使核桃破裂，因为内部压力不可能很快减少。（发展了上一个观念）或者可以交替进行急剧增加和减少空气室压力，这时核桃壳会承受交变负荷。

戊：我是核桃，也是核桃仁。在核桃壳内部，我用手脚对它施加压力，外壳就会破裂。（认同）应该不让外壳长，只让核桃仁长，就会把外壳顶破。（理想结果）为此，可以改良核桃品种。

乙：我也是核桃。我用手抓住树枝，当成熟时就撒手掉在硬地上摔破。应该把核桃种在悬崖峭壁上，或种在陡坡上，它们掉下来就摔破。

甲：应该掘口深井，井底放一块钢板，在核桃与深井之间开几道沟槽。核桃从树上掉下来，顺着沟槽滚到井里，摔在钢板上就会摔破。

结果，仅用十分钟就收集了四十个观念，经专家组评价，从中得出参考解决方案。

思考： 头脑风暴法适合解决何种类型的问题？你能组织实施头脑风暴法吗？

知识储备

头脑风暴法的发明者是美国 BBDO 广告公司创始人奥斯本（Osborn）。奥斯本于 1939 年首次提出头脑风暴法，并于 1953 年在《应用想象》一书中正式发表了这种激发创造性思维的方法。图 3-2 为奥斯本与《应用想象》。

图 3-2　奥斯本与《应用想象》

一、头脑风暴法的组织

头脑风暴法也称为智力激励法、自由思考法或诸葛亮会议法，通常指一群人开动脑筋，进行自由的，创造性的思考与联想，并各抒己见，在短暂的时间内提出解决问题的大量构想的一种方法。这种方法是当今最负盛名，同时也可以说是最具实用性的一种集体创造性地解决问题的方法。

"头脑风暴"的原意是"突发性的精神错乱"，用来表示精神病患者处于大脑失常的状态。精神病患者最大的特征是在发病时无视他人的存在，言语与肢体行为随心所欲。这虽然不合乎社会行为礼仪规范，然而从创造思考的启发与引导的目标来看，摆脱世俗与旧观念的束缚，期望构想能无拘无束地涌现，还是有必要的，这正是头脑风暴法的精义所在。从形式上来看，"头脑风暴法"是将少数人召集在一起，以会议的形式，对于某一问题进行自由的思考和联想，同时提出各自的设想和提案。头脑风暴法是一种发挥集体创造精神的有效方法，与会者可以在没有任何约束的情况下发表个人的想法，提出自己的创意。参与的人甚至可以提出看起来异想天开的想法。图3-3为头脑风暴会议。

图3-3　头脑风暴会议

现代发明创新课题涉及技术领域广泛，因而靠个别发明家单枪匹马式的冥思苦想来求得问题解决的方法将变得软弱无力，收效甚微。相比之下，类似头脑风暴法这种群体式的发明战术则会显得效果更好。

二、头脑风暴的原则

在实施头脑风暴的过程中，必须坚持以下原则。

（1）延迟判断。提出设想阶段，只专心提出设想，不进行评价。

（2）追求数量。提出来的假想、方案、主意越多越好，即要求达到足够的数量。这样才能从众多的假想方案、主意中，选出最佳方案，或者得到创造性的启发。

（3）数量产生质量。奥斯本通过调查发现，在同一时间内思考出2倍以上的设想的人，即使在同一献计献策会议中，会议后半期也可产生多达78%的好设想。

（4）禁止批评。会议期间，所有与会者，包括主持者和发言人，对别人提出来的设想，不允许进行批评。

（5）**自由畅想**。让与会者畅所欲言，想到什么就说什么。

在进行头脑风暴时，可以鼓励巧妙地利用并改善他人的设想。由于是举行集体讨论会，某一个人的"闪念"可能会将许多人的联想点燃。与会者相互启发，可以提出很多新的想法。

三、头脑风暴小组成员

（一）头脑风暴小组人数的确定

头脑风暴小组人数以 5 ~ 10 人为宜，包含主持人和记录员在内以 6 ~ 7 人为最佳。

头脑风暴小组人数的多少取决于主持人风格、小组成员个体的情况等因素。小组人数太多或太少，效果都不太理想。人数过多时，会使某些人没有畅所欲言的机会；过少时，则会场面冷清，影响与会者的热情。与会者最好职位相当，对所要解决的问题都感兴趣，但是不必均为同行。

（二）小组中不宜有过多的专家

在进行"头脑风暴"的过程中，如果专家太多，就很难做到"延迟判断"。权威在场必定会对与会者产生"威慑"作用，给与会者的心理造成压力，因此难以形成自由的发言氛围。然而，在实际操作"头脑风暴"的时候，会议参加者往往都是从企业的各个部门汇集而来的各专业领域的专家里手。在这种场合，无论主持人还是与会者，都应注意不要从专业角度发表评论，否则会引起争议，打破暂缓评价的和谐局面，产生不良效果。

还有一点很重要，就是专家的人选应严格限制，以便与会者把注意力集中于所涉及的问题上，具体选取原则如下。

（1）**如果参加者相互认识，要从同一职位（职称或级别）的人员中选取**。领导人员不应参加，否则可能会对某些与会者造成某种压力。

（2）**如果与会者互不认识，可从不同职位（职称或级别）的人员中选取**。在这种情况下，不应宣布与会者的职称或职务。与会者不论职称或职务级别的高低，都应同等对待。

（3）**与会者的专业应力求与所论及的决策问题相一致**。这并不是专家组成员的必要条件，但是，专家中最好包括一些学识渊博，对所论及问题有较深理解的其他领域的专家。

（三）小组成员最好具有不同学科背景

如果小组成员具有相同的学科背景，他们都是同一方面的专家，那么，很可能会沿着固有专业方向的常规思路来开发思想、产生观念。这样，同学科或相近学科的成员所产生的构想范围就很有限，而不能发挥头脑风暴的优势。相反，如果小组成员背景不同，他们就有可能从不同的层面、不同的方向、不同的角度提出千差万别的观点，从而更有利于获得"头脑风暴"效应。

（四）与会者应具备较强的联想思维能力

与会者具有较强的联想能力是头脑风暴法获得良好效果的重要保证。在进行"头脑风暴"时，组织者应尽可能提供一个有助于把注意力高度集中于讨论问题的环境。在头脑风暴会议上，有的人提出的设想可能是其他准备发言的人已经思考过的设想。其中一些最有价值的设想，往往是在已提出设想的基础上，经过"头脑风暴"迅速发展起来的设想，或对两个或多个设想进行综合所得到的设想。因此，头脑风暴法产生的结果是成员集体创造的成果，是头脑风暴小组成员互相感染激励、互相补充完善的总体效果。

（五）头脑风暴小组主持人的确定

只有主持人对整个头脑风暴过程进行适度控制和协调，才能减少头脑风暴的抑制因素，激励新想法，发挥小组群体的创造力，获得预期的效果。由此可见，头脑风暴小组中的主持人非常重要（图3-4）。

主持人必须做好以下三点。

（1）能掌控会议，并使头脑风暴会议的成员严格遵循前述的头脑风暴法基本规则。

图3-4 头脑风暴小组主持人

（2）要使会议保持热烈而轻松的气氛。

（3）要保证让全体与会者都能畅所欲言，献计献策。

头脑风暴小组会议的主持人必须具有丰富的经验，能够充分把握讨论问题的本质。

主持人应乐于接受头脑风暴法所造成的奔放而接近狂热的会议气氛，努力使与会者忘却自我，从而能变得更自由。主持人应及时地发现与会者朝哪个方向提出设想，并巧妙地将脱离正确方向的与会者引回到既定的目标方向上来。

为了更好地掌控头脑风暴会议，主持人可以运用以下技巧，使头脑风暴达到既定目标。

（1）**在与会者发言气氛显得相当热烈时，可能会出现许多违背头脑风暴法基本原则的现象，** 如交头接耳、哄堂大笑、甚至公开评论他人意见等，此时主持人应当立即制止，并号召大家给予发言者鼓励。

（2）**当许多灵感已被陆续激发出来，** 而与会者也开始表现为疲惫状态，灵感激发速度明显下降时，主持人可以用"每人再提两个点子就结束"之类的话语再次激发创意灵感。

（3）**主持人应控制好时间，** 一般建议控制在30分钟左右，以免与会者太疲倦而产生反感甚至厌烦情绪。

（4）在会议结束时，主持人应对会议的成果表示肯定，对与会者表示感谢。

四、头脑风暴法的实施

头脑风暴法可分为会前准备、会议过程和创意评价三个阶段。

（一）会前准备

会前准备包括以下工作。

（1）**确定讨论主题。**讨论主题应尽可能具体，最好是在实际工作中遇到的亟待解决的问题，目的是进行有效的联想和激发创意。

（2）**如果可能，应提前对提出初始问题的个人、集体或部门进行访谈调研，**了解解决该问题的限制条件、制约因素、阻力与障碍以及任务最终目标分别是什么。

（3）**确定参加会议人选，**并将这些问题写成问题分析材料，在召开头脑风暴会议之前的几天内，连同会议程序及注意事项一起发给各位与会者。

（4）**举行热身会。**在正式会议之前召开预备会议，这是因为在多数情况下，小组成员缺乏参加头脑风暴会议的经验，同时，要他们做到遵守"延迟判断"原则也比较困难。

所确定的讨论主题的涉及面不宜太宽。主持人将讨论主题告诉与会者，并附加必要的说明，使与会者能够收集确切的资料，并且按正确的方向思考问题。

在热身会上，要向与会者说明"头脑风暴法"的基本规则，解释创意激发方法的基本技术，并对与会者所做的任何有助于发挥创造力的尝试都予以肯定和鼓励，从而让与会者形成一种思维习惯来适应头脑风暴，并尽快适应头脑风暴的气氛。

（二）会议过程

在头脑风暴会议过程中要注意以下几个问题。

（1）**由会议的主持人重新叙述议题，**要求小组人员讲出与该问题有关的创意或思路。

（2）**与会者想发言的先举手，**由主持人指名开始发表设想，发言力求简单扼要，一句话的设想也可以，注意不要做任何评价。发言者首先提出由自己事先准备好的设想，然后再提出受别人的启发而得出的思路。从这一阶段开始，就存在着"头脑风暴"的创造性思维方法。

（3）**若是头脑风暴法进行到人人都山穷水尽的地步，主持人必须使讨论发言再继续一段时间，**务必使每人尽力想出妙计，因为奇思妙计往往在挖空心思的压力下产生。主持人在遇到会议陷于停滞时可采取其他创意激发方法。

（4）**创意收集阶段实际上与创意激发和生成阶段同时进行。**执行记录任务的是组员，也可以是其他组织成员。每一个设想必须以数字注明顺序，以便查找。必要时可以用录音机辅助记录，但不可以取代笔录。记录下来的创意是进行综合和改善所需要的素材，所以应该放在全体与会者都能看到的地方。

在小组人员提出设想的时候，主持人必须善于运用创意激发的方法。语言要妙趣横生，使气氛轻松融洽。同时主持人还要保证使与会者坚守头脑风暴法的基本规则，即任何发言者都不能否定和批评别人的意见，只能对别人的设想进行补充、完善和发挥。一次会议创意发表不完的，可以再次召开会议，直至将各种创意充分发表出来为止。

主持人必须充分掌握时间，时间过短，设想太少；时间过长，容易疲劳。最好的设想往往是会议快要结束时提出的。可以将已确定的会议结束时间再延长 5 分钟，因为在这段时间里人们容易提出最好的设想。

（三）创意评价

先确定创意的评价和选取的标准，比较通用的标准有可行性、效用性、经济性、大众性等。在头脑风暴会议之后，要对创意进行评价和选择，以便对要解决的问题，找到最佳解决办法。对设想的评价不要在进行头脑风暴会议的同一天进行，最好过几天再进行。

思 考 与 讨 论

（1）头脑风暴法的发明者是＿＿＿＿。他于 1953 年在＿＿＿＿一书中正式发表了这种激发创造性思维的方法。

（2）头脑风暴参加人数以＿＿＿＿人为宜，包含主持人和记录员在内以＿＿＿＿人为最佳。

（3）在实施头脑风暴的过程中，应坚持哪些原则？

（4）在实施头脑风暴的过程中，如何选取专家？

（5）实施头脑风暴，对主持人有哪些要求？

（6）头脑风暴的会前准备工作有哪些？

活动与训练

选定一个讨论议题来组织一次小型的头脑风暴会议。

头脑风暴会议的讨论议题是：

头脑风暴会议的与会者分别是：

（1）＿＿＿＿，专业背景：

（2）＿＿＿＿，专业背景：

（3）＿＿＿＿，专业背景：

（4）_____，专业背景：

（5）_____，专业背景：

（6）_____，专业背景：

（7）_____，专业背景：

其中，主持人是：

头脑风暴会议上，收集的创意数量是_____个。

请具体描述本次头脑风暴会议的情况：

请评价：你认为此次头脑风暴会议成功吗？

　　　　　　□很成功　　　　□成功　　　　□一般　　　　□不成功

单元三　实施检核表法

学习目标

（1）了解奥斯本检核表法的内容。

（2）了解和田十二法的内容。

（3）能够利用奥斯本检核表法与和田十二法指导创新实践，提升创新能力和创新素养。

导入案例

奥斯本文化程度不高，没有上过大学。1938年，21岁的奥斯本失业了。他时刻梦想着做一名受人尊敬的新闻记者。为了实现自己的梦想，他鼓足勇气去一家小报社应聘。主编问："你有多少年的写作经验？"奥斯本回答："只有3个月。不过请你先看看我写的文章吧！"主编接过他的文章看了后，摇着头说："年轻人，你这篇文章写得不怎么样，你既无写作经验，又缺乏写作技巧，文笔也不够通顺；但是你这篇文章也有独到的地方，内容上有独到的见解，这个独到的东西是创新。这就很可贵！凭这一点，我愿意试用你3个月。"

奥斯本由此领悟到"创新性"的可贵，明白了自己的优势所在，他决心做一个有创新能力的人。他反复研究主编给他的大沓报纸，又买回其他各种报纸进行比较。第一天上班后，奥斯本迫不及待地冲进主编的办公室，大声说："主编先生，我有一个想法。"主编瞪大眼睛看着这个毛头小伙子。他不顾主编的表情，只顾着自己的思路说下去："广告是报纸的生命钱，我们无法与各大报纸竞争大广告，而小工厂、小商店也做不起大广告，他们又急于把自己的产品或商品告诉更多的人，我们何不创造条头广告，以低廉的收费满足这一层次工商者的需要呢？"主编说："好啊！真是一个了不起的想法！"这就是现在报刊上广泛采用的一条一条的分类广告。奥斯本坚持每天提一条创新性的建议，两年后，这张小报成为一个实力雄厚的报业托拉斯，奥斯本也当上了报业集团拥有巨额股份的副董事长。

思考：奥斯本凭借何种品质获得了事业的成功？

知识储备

没有质疑，便没有创新。提出问题是创新的重要前提和核心所在。使用创新方法解决问题的重要一步就是善于提出问题，人们常用检核表法来提出问题并探寻解决问题的思路。所谓的检核表法，是根据需要研究的对象之特点列出有关问题，形成检核表，然后一个一个核对讨论，从而发掘出解决问题的大量设想。它引导人们根据检核项目的一条条思路来求解问题，以力求比较周密的思考。常用的检核表法有奥斯本检核表法与和田十二法。

一、奥斯本检核表法

亚历克斯·奥斯本是美国创新技法和创新过程之父，1941年出版了世界上第一部创新学著作《创造性想象》，提出了奥斯本检核表法。奥斯本检核表法是指以该技法的发明者奥斯本命名、引导主体在创造过程中对照九个方面的问题进行思考，以便启迪思路、开拓思维想象的空间、促进人们产生新设想、新方案的方法。

奥斯本检核表法一共有九组七十五个问题，是他在研究和总结大量近现代科学发现、发明、创造事例的基础上归纳出来的。

（1）现有的东西（如发明、材料、方法等）有无其他用途？保持原状不变能否扩大用途？稍加改变，有无别的用途？

人们从事创造活动时，往往沿着这样两条途径：一种是当某个目标确定后，沿着从目标到方法的途径，根据目标找出达到目标的方法；另一种则与此相反，首先发现一种事实，然后想象这一事实能起什么作用，即从方法入手将思维引向目标。后一种方法是人们最常用的，而且随着科学技术的发展，这种方法将越来越广泛地得到应用。

某个东西，"还能有其他什么用途？""还能用其他什么方法使用它？"这类问题能使我们的想象活跃起来。当我们拥有某种材料，为扩大它的用途，打开它的市场，就必须善于进行这种思考。德国有人想出了三百种利用花生的实用方法，仅仅用于烹调，他就想出了一百多种方法。橡胶有什么用处？有家公司提出了成千上万种设想，如用它制成床毯、浴盆、人行道边饰、衣夹、鸟笼、门扶手、棺材、墓碑，等等。炉渣有什么用处？废料有什么用处？边角料有什么用处？……当人们将自己的想象投入这条宽阔的"高速公路"上就会以丰富的想象力产生出更多的好设想。

（2）能否从别处得到启发？能否借用别处的经验或发明？外界有无相似的想法，能否借鉴？过去有无类似的东西，有什么东西可供模仿？谁的东西可供模仿？现有的发明能否引入其他的创造性设想之中？

伦琴发现"X光"时，并没有预见到这种射线的任何用途。后来当他发现这项发现具有广泛用途时，他感到吃惊。通过联想借鉴，现在人们不仅已用"X光"来治疗疾病，外科医生还用它来观察人体的内部情况。同样，电灯在开始时只用来照明，后来，改进了光线的波长，发明了紫外线灯、红外线加热灯、灭菌灯，等等。科学技术的重大进步不仅表现在某些科学技术难题的突破上，也表现在科学技术成果的推广应用上。一种新产品、新工艺、新材料，必将随着它的越来越多的新应用而显示其生命力。

（3）现有的东西是否可以作某些改变？改变一下会怎么样？可否改变一下形状、颜色、声音、味道？可否改变一下意义、型号、模具、运动形式？改变之后，效果又将如何？

如汽车，有时改变一下车身的颜色，就会增加汽车的美感，从而增加销售量。又如面包，给它裹上一层芳香的包装，就能提高嗅觉诱惑力。据说妇女用的游泳衣是婴儿衣服的模仿品，而滚柱轴承改成滚珠轴承就是改变形状的结果。

（4）放大、扩大。现有的东西能否扩大使用范围？能不能增加一些东西？能否添加部件、拉长时间、增加长度、提高强度、延长使用寿命、提高价值、加快转速？在自我发问的技巧中，研究"再多些"与"再少些"这类有关联的成分，能给思维提供大量的想象空间。使用加法和乘法，便可能使人们扩大探索的领域。

"为什么不用更大的包装呢？"——橡胶工厂大量使用的黏合剂通常装在1升的马口铁桶中出售，使用后便扔掉。有位工人建议将黏合剂装在50升的容器内，容器可反复使用，节省了大量马口铁。

"能使之加固吗？"——织袜厂通过加固袜头和袜跟，使袜子的销售量大增。

"能改变一下成分吗？"——牙膏中加入某种配料，成了具有某种附加功能的牙膏。

（5）缩小、省略。缩小一些怎么样？现在的东西能否缩小体积、减轻重量、降低高度、压缩、变薄？能否省略，能否进一步细分？

前面一条沿着"借助于扩大""借助于增加"而通往新设想的渠道，这一条则是沿着"借助于缩小""借助于省略或分解"的途径来寻找新设想。袖珍式收音机、微型计算机、折叠伞等就是缩小的产物。没有内胎的轮胎，尽可能删去细节的漫画，就是省略的结果。

（6）能否代用？可否由别的东西代替、由别人代替？可否用别的材料、零件代替，用别的方法、工艺代替，用别的能源代替？可否选取其他地点？

如在缸体中用液压传动来替代金属齿轮；又如用充氩的办法来代替电灯泡中的真空，使钨丝灯泡提高亮度。通过取代、替换的途径也可以为想象提供广阔的探索领域。

（7）从调换的角度思考问题。能否更换一下先后顺序？可否调换元件、部件？是否可用其他型号？可否改成另一种安排方式？原因与结果能否对换位置？能否变换一下过程？更换一下，会怎么样？

重新安排通常会带来很多的创造性设想。飞机诞生的初期，螺旋桨被安排在头部，后来，将它装到了顶部，成了直升机，说明通过重新安排可以产生种种创造性设想。商店柜台的重新安排，营业时间的合理调整，电视节目的顺序安排，机器设备的布局调整……都有可能带来更好的结果。

（8）**从相反方向思考问题。**通过对比也能成为萌发想象的宝贵源泉，可以启发人的思路。倒过来会怎么样？上下是否可以倒过来？左右、前后是否可以对换位置？里外可否倒换？正反是否可以倒换？可否用否定代替肯定？

这是一种反向思维的方法，它在创造活动中是一种颇为常见和有用的思维方法。第一次世界大战期间，有人就曾运用这种"颠倒"的设想建造舰船，建造速度也有了显著的加快。

（9）**从综合的角度分析问题。**组合起来怎么样？能否装配成一个系统？能否把目的进行组合？能否将各种想法进行综合？能否把各种部件进行组合？

例如，把铅笔和橡皮组合在一起成为带橡皮的铅笔，把几种部件组合在一起变成组合机床，把几种金属组合在一起变成种种性能不同的合金，把几件材料组合在一起制成复合材料，把几个企业组合在一起构成横向联合……

应用奥斯本检核表是一种强制性思考过程，有利于突破不愿提问的心理障碍。很多时候，善于提问本身就是一种创造。

二、和田十二法

和田十二法又叫和田创新法则或和田创新十二法，是我国学者许立言、张福奎在奥斯本检核表基础上，借用其基本原理，加以创造而提出的一种思维技法。它既是对奥斯本检核表法的一种继承，又是一种大胆的创新。比如，其中的"联一联""定一定"等，就是一种新发展。同时，这些技法更通俗易懂，简便易行，便于推广。

和田十二法是指人们在观察、认识一个事物时，考虑是否可以做到以下几点。

（1）**加一加：**加高、加厚、加多、组合等。

（2）**减一减：**减轻、减少、省略等。

（3）**扩一扩：**放大、扩大、提高功效等。

（4）**变一变：**变形状、颜色、气味、音响、次序等。

（5）**改一改：**改缺点，改不便、不足之处。

（6）**缩一缩：**压缩、缩小、微型化。

（7）**联一联：**原因和结果有何联系，把某些东西联系起来。

（8）**学一学：**模仿形状、结构、方法，学习先进。

（9）代一代：用别的材料代替，用别的方法代替。

（10）搬一搬：移作他用。

（11）反一反：能否颠倒一下。

（12）定一定：定个界限、标准，能提高工作效率。

如果按这十二个"一"的顺序进行核对和思考，就能从中得到启发，诱发人们的创造性设想。所以，和田十二法是一种打开人们的创造思路，从而获得创造性设想的"思路提示法"。简单的十二个字"加""减""扩""变""改""缩""联""学""代""搬""反""定"，概括了解决发明问题的十二条思路。

思 考 与 讨 论

（1）概述奥斯本检核表法的主要内容。

（2）概述和田十二法的主要内容。

活动与训练

用奥斯本检核表法对自行车的功能和结构进行开发（表3-1）。

表3-1　自行车的功能和结构开发

序号	检核内容	设计、设想
1	能否另用	
2	能否借用	
3	能否扩大	
4	能否缩小	
5	能否改变	
6	能否代用	
7	能否重新调整	
8	能否颠倒	
9	能否组合	

单元四 学习思维导图与六项思考帽

学习目标

（1）理解思维导图的含义和特征。

（2）掌握思维导图的画法。

（3）掌握六项思考帽法的应用。

（4）能够利用思维导图和六项思考帽指导创新实践，提升创新能力和创新素养。

导入案例

我们利用思维导图来分析余秋雨的散文《品鉴普洱茶》（图 3-5）。

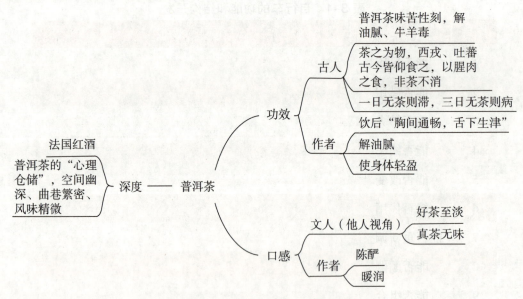

图 3-5 《品鉴普洱茶》思维导图

操作过程其实并不烦琐：首先，选取功效、口感和深度作为一级分支，这是作者编排的结构；其次，把每个主题下的关键词摘录出来。

作者介绍普洱茶的功效时，引用了古人的话："普洱茶味苦性刻，解油腻、牛羊毒。""茶之为物，西戎、吐蕃古今皆仰食之，以腥肉之食，非茶不消。""一日无茶则滞，三日无茶则病。"作者总结的普洱茶的功效有三：其一，饮后"胸间通畅，舌下生津"；其二，解油腻；其三，使身体轻盈。作者认为普洱茶最吸引茶客的地方，还是口感。

普洱茶的口感是什么呢？作者在形容口感时，先是列举文人对普洱茶的一般评价，比如"好茶至淡""真茶无味"，提供了他人的视角，营造了一个基础的认知。在此基础上，作者提出自己的观点，普洱是有"大味"的，选取"陈酽""暖润"两词概括。

作者形容普洱茶的深度时，运用法国红酒作对比，认为只有法国红酒的深度才能和普洱茶媲美。虽然读者可能没有喝过法国红酒，无从感受其厚度底蕴，但并不妨碍根据阅读到的知识去想象。这种对美好事物的向往，本身就是一件很愉悦的体验，激发大脑去思考、品味。

绘制思维导图的过程，本质就是一次学习、体验的过程。很多细微的感觉、有趣的想法都会在画图的过程中产生。这种体验，比单纯看一本书要来得更有趣，也有更多的时间去品味文章的内容和形式。

思考：思维导图适用于哪些场合？

知识储备

一、思维导图

英国人托尼·巴赞在研究大脑的力量和潜能过程中，发现文艺复兴时期艺术家达·芬奇在他的笔记中使用了许多图画、代号和连线。他意识到，这正是达·芬奇拥有超级头脑的秘密所在。在此基础上，巴赞于20世纪60年代发明了思维导图这一风靡世界的思维工具。他认为，在人类现有的笔记中，标准的线性笔记里面几乎完全没有视觉节奏、视觉模式或者任何模式、色彩、图像（想象）、视觉化、维度、空间感、形态（统一概念）及联想，因而存在着四大不利之处：埋没了关键词、不易记忆、浪费时间和不能有效地刺激大脑。于是，托尼·巴赞以现代脑科学的研究成果为基础，提出了强调人类思维自然功能——放射性思维表达的图形笔记方法，经过与其兄弟巴利·巴赞的共同努力，将上述笔记方式演化成为思维导图，也有人将其译为"心智图"或直译为"脑图"。

（一）思维导图的定义

思维导图是一种思维工具，托尼·巴赞将其定义为："思维导图是放射性思维的表达，也是人类思维的自然功能。它是一种非常有用的图形技术，是打开大脑潜力的万用钥匙。思维导图可以用于生活的各个方面，其改进后的学习能力和清晰的思维方式会改善人的行为表现。"

思维导图能让人们以图画的方式，清晰地描绘出思维的线路和层次，同时刺激左脑和右脑，以大脑最熟悉的图像表达方式将发散性思维具体化、可视化地呈现出来，是组织和阐述表达知识的有效工具，是灵感和发散性思维的源泉。

（二）思维导图的特征

思维导图有以下四个基本特征。

（1）注意的焦点清晰地集中在中央图形上。

（2）主题的主干作为分支从中央图形向四周放射。

（3）分支由一个关键的图形或写在产生联想的线条上面的关键词构成。不重要的话题也以分支形式表现出来，附在较高层次的分支上。

（4）各分支形成一个连接的节点结构。

（三）思维导图的绘制过程

1.准备

准备一张空白纸，若干彩色水笔和铅笔。运用大脑，发挥想象力。

2.绘制

（1）**从一张白纸的中心开始绘制**，画出能够代表你心目中的主体形象的中心图像，再用水彩笔任意发挥你的思路。

（2）**绘画时，应先从图形中心开始**，画一些向四周放射出来的粗线条。每一条线都使用不同的颜色，这些分支代表关于你的主体的主要思想。在绘制思维导图的时候，你可以添加无数根线。在每一个分支上，用大号的字清楚地标上关键词，这样，当你想到这个概念时，这些关键词立刻就会从大脑里跳出来。

（3）**运用想象力，改进思维导图**。"一幅图画顶一千个词语"，图画或图形能够让你节省大量时间和精力，从记录数千词语的笔记中解放出来。同时，它更容易记忆。在每一个关键词旁边，画一个能够代表它、解释它的图形。使用彩色水笔以及一点儿想象。

（4）**用联想来扩展这幅思维导图**。对于每一个正常人来讲，每一个关键词都会让他想到更多的词。例如，假如你写下了"苹果"这个词，你就会想到颜色、苹果汁、膳食纤维，等等。根据你联想到的事物，从每一个关键词上发散出更多的连线。连线的数量取决于你所想到的东西的数量。

以"读书笔记"为主题的思维导图，如图3-6所示。

图 3-6　读书笔记思维导图

二、六顶思考帽

　　在思维导图的基础上，针对解决具体问题思绪不清的情况，英国学者爱德华·德博诺博士开发出了"六顶思考帽"法。它以蓝、白、红、黄、黑、绿六个颜色来标示思维，用帽子作为比喻，给思考一个指引地图。其中，蓝色帽负责"管理调控思考的整个过程"；白色帽帮助提供思考的"信息与数据"；红色帽代表思考的"直觉和感觉"；黄色帽表示思考问题的"价值和利益"；黑色帽表示"风险和困难"；绿色帽代表"创意和新想法"。六顶思考帽如图 3-7 所示。

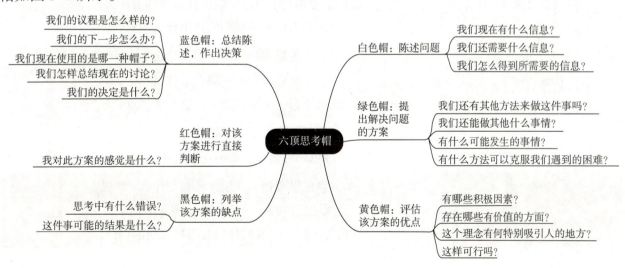

图 3-7　六顶思考帽

六项思考帽使得思考能从不同角度展开，取代了一次性思考所有问题的做法。在统筹管理思考（蓝色帽）的前提下，集中分析信息（白色帽）、利益（黄色帽）、情感（红色帽）以及风险（黑色帽）等，使人们可以依次对问题的不同角度给予足够的重视和充分的考虑。六项思考帽的思考角度如表3-2所示。

表3-2　六项思考帽的思考角度

六顶思考帽	颜色联想	思考角度
白色思考帽	中性和客观	搜索并展示客观的事实和依据
红色思考帽	直觉和情绪	表达对事物的感性看法
黑色思考帽	冷静和严肃	用小心谨慎的态度指出任一观点的风险所在
黄色思考帽	希望和价值	用乐观、积极的态度指出任一观点的价值所在
绿色思考帽	活跃和生机	运用创新思维提出新观点
蓝色思考帽	理性和沉稳	对整个思考过程和其他思考帽的控制和组织

同时，六项思考帽采用了"平行思维"的工具，在同一时间让大家"戴上"同一顶思考帽，朝同一方向去看问题，进行"平行"的探讨，形成合力。运用六项思考帽，将会使混乱的思路变得更清晰，使团体中无意义的争论变成集思广益的创造，使每个人变得富有创造性。不同阶段使用的思考帽如表3-3所示。

表3-3　不同阶段使用的思考帽

实施阶段	实施方式
初步方案	黄色思考帽——思考的任务是什么？ 白色思考帽——对这个情况我们都知道什么？ 绿色思考帽——我们能想出什么主意？
快速评价	黄色思考帽——优点是什么？ 黑色思考帽——缺点是什么？ 蓝色思考帽——我们能总结这些优缺点么？
改进	黑色思考帽——缺点是什么？ 绿色思考帽——如何克服这些缺点？
设计	蓝色思考帽——设计任务是什么？ 绿色思考帽——可能的设计是什么？ 红色思考帽——我们如何看每种可能的设计？

（1）_____于 19 世纪 60 年代发明了思维导图这一风靡世界的思维工具。

（2）在思维导图的基础上，针对解决具体问题思绪不清的情况，英国学者_____开发出了"六顶思考帽"法。

（3）什么是思维导图？它有哪些特征？

（4）在六顶思考帽法中，六顶颜色帽分别具有什么含义？

活动与训练

某中职学校毕业生宝珠打算毕业之后开办一家陶艺店，请大家利用思维导图为宝珠进行开店的规划。

创业篇

模块四

认识自我与职业分析

模块导读

　　创业能力是可以被培养的，但是，创业行为依旧是少数人的行为。一个人是否适合创业，需要个体结合自身的兴趣爱好、能力态度、以往经验以及所掌握的资源进行综合考量。对于所有人而言，认识自我可以从"我是谁，我知道什么，我认识谁"三个方面入手。

知识导图

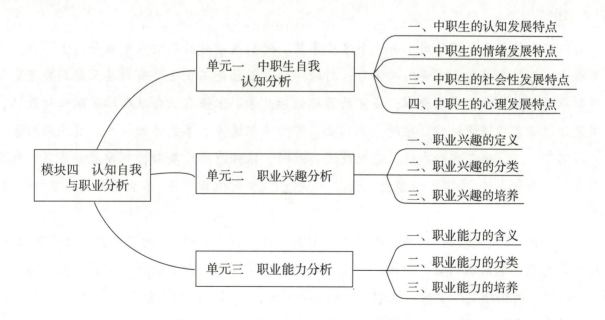

单元一　中职生自我认知分析

学习目标

（1）了解中职生的认知发展特点。

（2）了解中职生的情绪发展特点。

（3）了解中职生的社会性发展特点。

（4）了解中职生的心理发展特点。

（5）对自我的认知发展、情绪发展、社会性发展、心理发展有充分的认识，能够对自己做出合理的评价，做到既不妄自菲薄又不盲目自大，为确定人生目标做好准备。

导入案例

某中职学校教师张强的班里有一个学生李某。他刚入学时就不听老师教导，上课注意力不够集中，好搞小动作，影响别人学习；对教师的管教总是不服气，有时甚至钻到桌子底下不出来以示反抗；作业书写潦草，寝室物品摆放杂乱等。张强有机会就和李某耐心地谈话，希望他能遵守各项课堂纪律，按时完成作业，努力争取进步。李某开始时很认真地答应了，可是过不了一天，他又我行我素，毫无改进。此时，张强有点儿灰心，想要放弃李某，但又觉得自己身为班主任，李某既然是自己的学生，自己就要对他负责任，不能因遇到困难就退缩、放弃。

张强分析：李某没有进步，或许是他并没有真正认识自己的错误。为了有针对性地做工作，张强决定先让李某认识到自己的错误，树立遵守纪律的意识。于是张强再次找李某谈话。谈话中，张强了解到李某心里其实很希望得到老师的关爱，只是在初中时经常受到老师的批评，父母又对他十分溺爱，不善于引导他正确待人处事，逐渐形成了叛逆心理。

张强首先与李某父母进行交流，交代了教育思路，得到了李某父母的支持。张强还经常与李某沟通，总是鼓励他。后来，李某在纪律和学习上，都有了进步。只要李某有了一点进步，张强就及时给予表扬、激励，使李某时时处处感到老师在关心自己。一段时间之后，李某形成了明显的荣誉感和责任感。

为了更好地提高李某的学习成绩，张强安排责任心强、学习成绩好、乐于助人、耐心细致的学生与他同坐，并发动全班学生帮助李某。除此之外，张强还安排李某担任班级管理员，增强他对集体的认识，让他意识到自己是班级的一员，要为班级服务。这样，在同学的帮助和个人的努力下，李某在各个方面都取得了不小进步：劳动更积极了，学习更努力了，成绩也有了很大的进步。在第一学期期末考试中，李某取得了不错的成绩。为了鼓励他，张强奖给李某一个日记本。奖品虽小，但能表达老师的心意和祝愿。

思考：分析张强老师纠正李某不良行为的做法。

知识储备

一、中职生的认知发展特点

中职生处于青春期，大脑的发育程度已经接近成熟，因此，中职生在观察力、注意力、记忆力、思维能力等方面已趋于成人水平，智力水平已接近成人高峰状态。中职生在认知发展上表现出如下一些特点。

（一）认知结构的框架日趋成熟

认知结构的各种要素迅速发展，认知能力不断提高，认知的核心成分——思维能力更加成熟，基本上完成了向理论思维的转化，抽象逻辑思维占优势地位，辩证思维和创造性思维有了很大的发展。认知结构各种因素基本上趋向稳定状态，智力的品质和个别差异基本定型。

（二）认知活动的自觉性明显增强

由于理论思维和自我意识的发展，观察力、有意识记能力、有意想象能力迅速发展，思维的目的性、方向性更加明确，认知系统的自我评价和自我控制能力明显增强。例如，注意具有一定的稳定性，能较长时间地注意与自己兴趣有关的事物，并能分配注意；观察的目的性更明确，观察的持久性、精确性显著提高，概括性更强。

（三）认知与情意、个性协调发展

认知发展离不开情感、意志和个性等，两者总是相互作用的。情感、意志、需要、兴趣、动机、理想、世界观、人生观、价值观等，对认知活动起定向、发动、维持和调控的作用。同时，认知发展又促进了情意、个性等的发展。中职生情感丰富，意志力增强，兴趣广泛和稳定，学习动机强烈，世界观开始形成，行为的自觉性更高，这一切都给中职生的认知发展以强大的推动力。因此，认知结构和情意、个性等形成协调发展的新局面，使中职生心理的整体水平得到提高。

（四）思维水平不断提高

中职生初步完成从具体思维为主到抽象思维为主的过渡，开始理智地思考问题，但由于知识经验的局限，有时也需要直观的、感性经验的支持。中职生思维活跃，经常提出问题，能独立地判断是非善恶，不轻信别人的结论，爱评论和争论，希望独立地解决问题，但往往会以点概面，容易偏激。

二、中职生的情绪发展特点

中职生的情绪发展与普通高中生有相同之处，也有不同之处。总体上情绪、情感发展具有以下特点。

（一）情绪体验丰富，具有两极性

中职生的情绪体验更加丰富，具有多样性，并且对情绪的控制能力有所提高，情绪体验的时限延长、稳定度提高。中职生的情绪一旦被激起，即使刺激消失还会转化为心境，在一段时期内或愉快欢乐，或郁郁寡欢。甚至有的情绪体验可长期影响学生的成长，并可改变一个人的个性特征。中职生自我意识的迅速发展，使中职生的情绪体验表现出极大的个体差异性。

中职生的情绪、情感具有两极性。一方面，中职生面对纷繁复杂的社会，既要适应新的环境，又要面对学习、生活、实习、交友的挫折和冲突。因此，烦恼大大增加，压力冲突日益增多。另一方面，由于中职生自我意识的发展，对自己的优缺点都十分敏感，所以在情绪、情感方面常常表现不稳定，具有两极性的特点。

（二）情绪、情感的表现具有内隐性和文饰性，表达强烈而冲动

中职生能够理解并学会使用情绪表达规则，能采用较为有效的情绪调节手段，对他人特别是同伴的情绪反应特别敏感。中职生能根据一定的条件或目的表达自己的情绪，而且外在表现与内心体验不总是一致的。中职生的情绪、情感具有内隐性和文饰性的特点。这是善于控制、调节自己情绪能力的表现，是适应能力提高的表现。

中职生的情绪、情感表现快而强烈，带有爆发性和冲动性，情境性强。中职生易动感情，遇事好激动，对人对事比较敏感，再加上精力旺盛，情绪一经爆发就难以控制，容易酿成不良后果，特别是在与亲密朋友或异性交往中，更易受激情支配，导致出现过失行为。

（三）高级情感发展也趋于成熟

高级情感包括道德感、理智感和美感。中职生道德感的发展是以积极的、正确的情感为主，在运用道德标准评价自身或他人行为时，已形成了较正确的稳定的反应或体验倾向。大部分

中职生的道德行为更加自觉，形成了一种与道德观点、道德行为、道德情感相联系的道德信念（图4-1）。

图4-1　课堂上的中职生

理智感是人对认知活动产生的情感体验。它与人的求知欲、认识兴趣、解决问题的需要是否满足相联系。相对于普通高中的学生，中职生的求知欲更主要地表现在对自己感兴趣的事情的认识中。例如，某个中职生可能在学校里文化课成绩不是很好，但是在非学业学习中能体验到更多的积极情绪。中职生的求知欲比较强烈，但对问题的主动怀疑感较弱，在追求知识过程中害怕失败，易因挫折丧失信心。

美感是人根据一定的美的标准，从审美活动中得到的愉悦体验。美感具有时代性、社会性。中职生美感的发展与知觉、理解的发展有密切联系，也与道德感有密切联系。中职生对美的体验不仅与具体事物形象相联系，而且能欣赏一定的抽象的、概括的艺术美，能够理解并初步评价艺术作品中所运用的艺术手段的技术水平。当然，中职生美感体验水平的发展，明显受制于一定社会生活条件。因此，有些时候中职生受外部环境的影响，并不能认清什么是真正的美，在审美活动中，中职生往往具有从众的倾向。

综上所述，相对普通高中学生来说，中职生的情绪表现得更加直接、强烈、不稳定；个别中职生情感发展水平较低。

三、中职生的社会性发展特点

（一）自我意识的发展

与初中时期相比，中职生更善于从旁观者的角度来观察自己，更善于内省，思考自己和与自己有关的问题。中职生对自我的认识逐渐增强，自我评价日益深刻。中职生更关注自己的内心世界，能独立地评价自己的内心品质，评价行为的动机及效果的一致性情况等，开始逐渐摆脱成人和权威的影响，出现了采纳同龄团体评价标准的倾向。这一时期，同伴对个体的影响会远远大于父母和教师的影响。中职生逐渐学会了较为全面、客观、辩证地评价自己，而且日趋深刻，表现为他们不仅能分析自己一时的思想矛盾和心理状态，而且能认识到自己较稳定的个性心理品质。能看到自己与别人的一致性和不一致性，能以整合的观点思考"我是一个什么样的人"。能将理想的自我和现实的自我相比较，经常进行自我观察和自我比较，并能思考自己哪些表现代表"真实的自我"。中职生认为别人也像自己一样仔细地审查自己，因此特别注意自己在别人心目中的形象。

自我的分化会导致主体我的崛起，但这种崛起在中职生中有矫枉过正的倾向。它使中职生长久地沉浸在自己的内心世界中，对周围的事物不屑一顾。相对而言，中职生易出现自我评价偏高的倾向，因而导致中职生行为表现上的自负，常常听不进别人的意见。

中职生开始不把权威、传统和社会规范放在眼里，我行我素，强调自己，维护自己。这种表现很容易被他人误认为是妄自尊大，自私自利。其实处于这一阶段的中职生内心还是十分脆弱和不自信的，中职生也只是暂时的自我中心主义者或无意识的利己主义者（因主体我还是孱弱的），并不是道德意义上的自私自利者。

随着自我意识对主体内心世界的指向和深入，中职生的自尊心强而敏感。中职生最怕别人看低自己，最希望得到社会的承认和鼓励。中职生会以各种方式在各个领域表现自己，处处争强好胜（图4-2）。这种获得成人赞赏的需求，如果不能以合乎社会角色规范的方式得到满足，比如在学习、工作、业余爱好中取得成绩、赢得荣誉，就可能导致中职生用不符合社会角色规范的方式去寻求满足，如寻衅滋事、玩世不恭、打架斗殴、搞恶作剧等。中职生在日常生活中的很多矛盾、纠纷和攻击行为，往往都是由于自尊心受到威胁而引起的。

图4-2　中职生积极参加职业技能竞赛

（二）品德的发展

品德发展包括道德认识、道德情感、道德意志和道德行为四个方面的发展。

中职生对道德知识的理解更加概括、抽象和深刻。研究发现，中职生对道德知识的理解逐渐达到了"理解行为规范与道德准则的实质"水平。中职生的道德感从不稳定向稳定发展，信念和理想在中职生道德动机中占有重要的地位。

中职生道德情感的发展趋势可以归为三级水平：①利己的，或在一个集体里，对同学、对集体无感情，不团结；②单纯重义气，或在班内和同学虽能保持和气，但不能很自觉地意识到情感的社会意义；③自觉热爱班集体，集体荣誉感、义务感和责任心表现较强烈。

中职生道德意志的发展，突出表现在意志控制的程度上。中职生道德意志的控制能力可以分为三种类型：①不能控制自己，纪律十分松懈；②在经过提醒的前提下能管住自己，纪律不稳定；③自觉地遵守纪律，有意地支配自己的道德行为。中职生在遵守纪律时其道德意志的控制能力，在正常条件下或良好的班集体和在纪律涣散或"乱班"中，往往会表现出两种截然不同的状态。

中职生道德行为很容易受同伴的影响，中职生善于模仿，容易产生从众行为。因此，中职生的同伴交往对中职生道德行为的发展有重要影响。

四、中职生的心理发展特点

中职生年龄大多在 15～18 岁，从心理学观点来看，属于青年初期，是学生身心发展最迅速、最旺盛、最关键的时期，也是各年龄发展阶段的最佳时期，又称为人生的黄金时代。这个年龄段的心理特点是开始思考未来和必须面对的挑战，并确定奋斗目标，是职业兴趣形成的最重要的阶段。上中职之前，在家长的悉心呵护之下成长，几乎很少考虑将来的生活和职业。进入中职学校学习，中职生开始考虑将来的生活和职业。

从初中升入中职学校，成为一名中职生，从天真烂漫的生活一下跨越到独自面对各种挑战的全新之地，有不适应和彷徨感在所难免。有的中职生由于兴趣、情感、意志、习惯等因素所致，学习成绩欠佳，产生自卑心理；有的中职生本来成绩不错，但中考发挥不好，从而只能进入中职学校，期望与现实落差比较大，导致破罐子破摔心理；绝大多数中职生是独生子女，重大事项多由家长包办，自我管理能力相对较低。家长过高的期望也给中职生造成了不小的压力和困扰。具体体现在以下几个方面。

（1）**活泼好动，思维活跃，但学习动机相对缺失**。有的中职生由于在学习上没有养成良好的习惯，也没有找到适合自己的学习方法，学习没有动力。有的中职生因为不会学而学不好、因为学不好而不想学，从而产生厌学的心理和行为，并渐渐形成学习上的恶性循环，越不努力成绩越差，成绩越差越想放弃。

（2）**渴望得到认可，渴望展示自己，但存在一定的社交障碍**。中职生特别渴望展示自己的才能，体现自己的价值，得到他人的认可，但是他们不善于与人交往，有的存在着一定的社交障碍。

（3）**自我意识增强，希望摆脱依赖，但自控能力不足**。中职生意识到自己已经长大，开始把自己看作是"成年人"，渴望与成年人一样具有平等的社会地位与权利，在心理上要摆脱对父母的依赖，要以独立人格出现。由于生理、心理迅速发展，在缺乏准备的条件下，他们会面对许多矛盾和困惑，并处于焦虑之中，如遇到不满或不平之事，就容易出现突发式的情绪失控。

　　造成中职学生出现心理健康问题的原因是多方面的，但主要是社会影响、家庭环境和教师的教育方法等。它反映了社会、家庭及学校教育等方面的许多矛盾，只有了解存在问题的成因，才能在教育教学中有意识地去避免它。

思考与讨论

　　（1）试概括中职生的认知发展特点。

　　（2）试概括中职生的情绪发展特点。

　　（3）试概括中职生的社会性发展特点。

　　（4）试概括中职生的心理发展特点。

活动与训练

　　进入中职学校，你的人生发生了新的转折，对过去的经历进行总结，有助于你更好地了解自己，也有助于你更好地发展未来。请认真完成下面的内容，并在小组内展开讨论，看一看，你会有哪些新的发现。

　　假如用 3～5 个关键词来概述你的初中生活，它们分别什么？

　　（1）你最快乐的一件事：

　　（2）你最自豪的一件事：

　　（3）你最难忘的一件事：

　　（4）你最遗憾的一件事：

　　回顾了初中生活，你对中职生活的期待是什么？

单元二 职业兴趣分析

学习目标

（1）理解职业兴趣的含义。

（2）了解职业兴趣的分类。

（3）了解职业兴趣的培养。

（4）对个人的职业兴趣能够做出合理评价，建立对可能从事职业的兴趣，热爱自己的职业。

导入案例

叶波出生在东部某市的一个小县城。父母开了一间汽车修理店，年幼的他经常帮助父母做些力所能及的事。初中时他已经能熟练地换轮胎，成了父亲的好帮手，"或许是因为家里与修理打交道，我就爱上了动手，喜欢有技术含量、有挑战的工作。"叶波回忆道。

叶波在中考失利后进入某国家级重点职业高中的数控技术应用专业学习。作为省级示范专业，该专业的培养目标强调软件应用能力、数控编程能力、操作加工能力、质量检测能力，更吸引叶波的是实训一体的教学模式，专业实践课比例达到70%。"这绝对适合爱动手爱琢磨的我，"叶波说，"我做出了人生最重要的一次选择。"

在第一堂普车实训课上，当老师拿出以前学生在普车实训课上做的毛坯作品给学生看时，叶波实在无法将眼前这些精致的东西与那台不起眼的机器相联系。接下来几堂课老师的示范操作让叶波确信双手能创造奇迹。"在实实在在的演示下，我一下子就爱上了普车，"谈起初入门的经历，叶波至今还念念不忘，"这是手艺活，要求琢磨，要求精细，正是我喜欢的活计呐！"

而数车更让叶波大开眼界。叶波一边听着老师讲解一边盯着正在运转的机器。"这机器还真听话，叫它转它就转，叫它前后左右移动它就前后左右移动，"当他亲手操作时，甚至感觉自己对这机器有一种亲切感，就像父亲教儿子走路一样的亲切。"我是那么喜欢这机油味和这听话的机器，老是希望实训课的时间能长一点，再长一点。"入学的第一年，叶波就成为班里的尖子生。

叶波对数控加工浓厚的兴趣、勤奋好学的品质以及可挖掘的专业潜力很快就引起了老师的注意，他被选入兴趣小组备战市级技能竞赛。那时候，对技能的提升是叶波最大的愿望，他不怕脏不怕累，常常连续几个小时埋头练习，错过吃饭的时间是常有的事，甚至周末也不回家，整日泡在实训室。一分耕耘换来一分收获，叶波连续两年参加了市中等职业学校师生技能竞赛，分别取得学生组数控车床项目二等奖、数控铣工项目三等奖的好成绩。后来，叶波报考了学校的高级数控班，取得了高级工证书，以优异成绩毕业了。

毕业后的叶波规划了两条路径来武装自己：积极考取本科学校数控专业，计划通过三年的学习，在理论上强化自己；进入当地某公司工作，在生产实践中从技能上提高自己。

如今的叶波已能熟练操作数控车床、立式加工中心、卧式加工中心等，并掌握数控车床、立式加工中心、卧式加工中心的相关编程甚至维修。"人人都是人才，人人都能成才。只要你借着兴趣的翅膀，投入、坚持、创新，不成功才怪呢！"年轻的叶波总结道。

思考：兴趣在我们的职业发展中起到何种作用？

知识储备

一、职业兴趣的含义

简单地讲，兴趣就是指一个人对某件事情的神经兴奋程度较高，主观上愿意为之付出努力，不求金钱和其他回报，只为了事情本身而自愿努力的心理特征。

职业兴趣是兴趣在职业方面的表现，对某一行业或职业表现出突出的兴趣和高昂的热情。

很多学生在进入中职学校学习时就是根据自己的兴趣而选择专业。例如，对英语感兴趣并且英语成绩比较好的学生大部分倾向于选择外贸专业；喜爱小孩并喜欢唱歌跳舞的学生倾向于选择学前教育专业；喜欢自己动手研究的学生可能更加倾向于选择数控加工、模具制造等专业。这些专业的选择在很大程度上基于个人的职业兴趣，并且能够影响自己未来的工作方向。所以，明确兴趣与职业的关系，使兴趣与工作结合起来，是非常重要的一件事情，甚至关系到自己的后半生是否快乐，能否获得工作上的幸福感。

二、职业兴趣的分类

心理学中有关职业兴趣的分类方法有很多种，目前较为权威的是著名心理学家霍兰德所主张的分类方法。霍兰德认为，职业兴趣在一个人的职业生涯中是非常重要的影响因素，当一个人所从事的工作与他的兴趣相匹配的时候，他能发挥自己最大的潜能工作，从而也能够获得较高的工作成果。他将职业兴趣分为以下六大类（图4-3）。

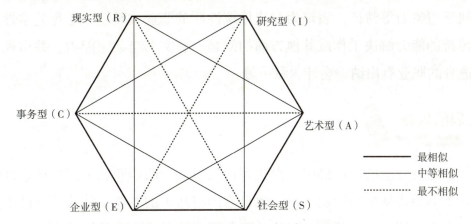

图 4-3　霍兰德的职业兴趣六角形模型

（1）**现实型（R）**：具有顺从、坦率、谦虚、自然、坚毅、实际、有礼、害羞、稳健、节俭的特征，表现为喜爱实用性的职业或情境，避免社会性的职业或情境；用具体实际的能力解决工作及其他方面的问题，较缺乏人际关系方面的能力；重视具体的事物，如金钱、权力、地位等。适合的职业有工人、农民、土木工程师等。

（2）**研究型（I）**：具有分析、谨慎、批评、好奇、独立、聪明、内向、条理、谦逊、精确、保守的特征，表现为喜爱研究性的职业或情境，避免企业性的职业或情境；用研究的能力解决工作及其他方面的问题，自觉、好学、自信，重视科学，但缺乏领导方面的才能。适合的职业有科研人员、数学和生物学方面的专家等。

（3）**艺术型（A）**：具有复杂、想象、冲动、独立、直觉、无秩序、情绪化、理想化、不顺从、有创意、富有表情、不重实际的特征，表现为喜爱艺术性的职业或情境，避免传统性的职业或情境；富有表达能力，具有创意（包括表演、写作、语言、绘画等方面）能力，并重视审美。适合的职业有诗人、艺术家等。

（4）**社会型（S）**：具有合作、友善、慷慨、助人、仁慈、负责、圆滑、善社交、善解人意、说服他人、理想主义等特征，表现为喜爱社会型的职业或情境，避免实用性的职业或情境，并以社交方面的能力解决工作及其他方面的问题，但缺乏机械能力与科学能力；喜欢帮助别人、了解别人，有教导别人的能力，且重视社会与伦理的活动和问题。适合的职业有教师、牧师、辅导人员等。

（5）**企业型（E）**：具有冒险、野心、独断、冲动、乐观、自信、追求享受、精力充沛、善于社交、引人注意、知名度等特征，表现为喜欢企业性质的职业或环境，避免研究性质的职业或情境，会以企业方面的能力解决工作或其他方面的问题；冲动、自信、善社交、知名度高、有领导与语言能力，缺乏科学能力，但重视政治上与经济上的成就。适合的职业有推销员、政治家、企业家等。

（6）**传统型（C）**：具有顺从、谨慎、保守、自控、服从、规律、坚毅、实际、稳重、有效率，但缺乏想象力等特征，表现为喜欢传统性质的职业或环境，避免艺术性质的职业或情境，会以传统的能力解决工作或其他方面的问题；有文书与数字能力，并重视商业与经济上的成就。适合的职业有出纳、会计、秘书等。

三、职业兴趣的培养

如果在所学专业对应的职业群中，没找到自己感兴趣的职业怎么办？在这种情况下，我们应当先深入了解即将从事的职业。不了解自己即将从事的职业，就认为自己不感兴趣，是不少初入学的中职生的心态。其实，对这一职业群不感兴趣，主要原因在于对这些职业不够了解。人们对某种职业往往需要一个了解、喜欢、热爱、沉醉和奉献的过程。许多有成就的人并非一开始就对自己所从事的职业有兴趣，而是在后来的接触中了解这个职业，通过了解开始喜欢，在喜欢的基础上产生了对职业的热爱。

怎么了解即将从事的职业呢？

（1）**多搜集自己所学专业对应职业群的有关信息**，关注它们的现状和发展趋势；多参与职业实践活动，在实践中感受取得成功的快乐；多了解本行业成功人士的事迹，通过真人真事感悟这一职业的乐趣。

（2）**学好专业课**。知识的积累、技能的提高，是形成职业兴趣的源泉，兴趣是在长期的教育影响与社会实践中不断发展起来的。专业课学习过程，也是对即将从事的职业深入了解的过程。

（3）**要拓展自己的兴趣范围**。我们应该培养自己对众多事物的兴趣，增强对陌生事物的好奇心，好奇心是形成学习兴趣的先导。

世界上各种职业是有联系的。如果兴趣比较广，就能留意到其他职业的成功经验，并借鉴到自己的工作之中，从而获得成功。当然，在对这一职业群产生广泛兴趣的基础上，还应重点培养对其中某一职业的兴趣，从而更好地发挥兴趣具有的导向性作用。

思 考 与 讨 论

（1）＿＿＿＿＿＿＿是兴趣在职业方面的表现，对某一行业或职业表现出突出的兴趣和高昂的热情。

（2）简述职业兴趣的分类。

（3）如何培养职业兴趣？

活动与训练

霍兰德认为，在职业兴趣测试下，可以清晰地了解自己的职业兴趣类型和在职业选择中的主观倾向，从而在众多的职业中找寻到最适合自己的职业，避免职业选择中的盲目行为。尤其是对于兴趣盲目的学生和缺乏职业经验的人，霍兰德的职业兴趣测试可以帮助其做好职业选择和职业设计，成功地进行职业调整，从整体上认识和发展自己的职业能力。下面开始测试吧！

根据对每一题目的第一印象作答，不必仔细推敲，答案没有对错之分。如果选择"是"，请打"√"，否则请打"×"。

（1）我喜欢把一件事情做完后再做另一件事。（　　　）

（2）在工作中我喜欢独自筹划，不愿受别人干涉。（　　　）

（3）在讨论中，我往往保持沉默。（　　　）

（4）我喜欢从事戏剧、音乐、歌舞、新闻采访等工作。（　　　）

（5）每次写信我都一挥而就，不会重复。（　　　）

（6）我经常不停地思考某一问题，直到想出正确的答案。（　　　）

（7）对别人借给我的和我借别人的东西，我都能记得很清楚。（　　　）

（8）我喜欢做抽象思维的工作，不喜欢做需要动手的工作。（　　　）

（9）我喜欢成为人们注意的焦点。（　　　）

（10）我喜欢不时地夸耀一下自己取得的成就。（　　　）

（11）我曾经渴望有机会参加探险活动。（　　　）

（12）当我一个人独处时，会感到更愉快。（　　　）

（13）我喜欢在做事情前作出细致的安排。（　　　）

（14）我讨厌做修理自行车、电器一类的工作。（　　　）

（15）我喜欢参加各种各样的聚会。（　　　）

（16）我愿意从事虽然工资少但是比较稳定的工作。（　　　）

（17）音乐能使我陶醉。（　　　）

（18）我办事很少思前想后。（　　　）

（19）我喜欢经常请示上级。（　　　）

（20）我喜欢需要运用智力的游戏。（　　　）

（21）我很难做那种需要持续集中注意力的工作。（　　　）

（22）我喜欢亲自动手制作一些东西，从中得到乐趣。（　　　）

（23）我的动手能力很差。（　　　）

（24）和不熟悉的人交谈对我来说毫无困难。（　　　）

（25）和别人谈判时，我总是很容易放弃自己的观点。（　　　）

（26）我很容易结识同性朋友。（　　　）

（27）对于社会问题，我通常持中庸态度。（　　　）

（28）当我开始做一件事情后，即使碰到再多的困难，我也会执着地干下去。（　　　）

（29）我是一个冷静而不易动感情的人。（　　　）

（30）工作时，我不喜欢被打扰。（　　　）

（31）我的理想是当一名科学家。（　　　）

（32）与言情小说相比，我更喜欢推理小说。（　　　）

（33）我太霸道，有时知道他们做的是对的，也要和他们对着干。（　　　）

（34）我爱幻想。（　　　）

（35）我总是主动地向别人提出自己的建议。（　　　）

（36）我喜欢使用锤子一类的工具。（　　　）

（37）我乐于解除别人的痛苦。（　　　）

（38）我更喜欢下了赌注的比赛或游戏。（　　　）

（39）我喜欢按部就班地完成要做的工作。（　　　）

（40）我希望能经常做不同的工作。（　　　）

（41）我总有充足的时间去赴约会。（　　　）

（42）我喜欢阅读自然科学方面的书籍和杂志。（　　　）

（43）如果掌握一门手艺并能以此为生，我会感到非常满意。（　　　）

（44）我曾渴望当一名汽车司机。（　　　）

（45）别人谈"家中被盗"一类的事，很难引起我的同情。（　　　）

（46）如果待遇相同，我宁愿当商品推销员，也不愿当图书管理员。（　　　）

（47）我讨厌与各类机械打交道。（　　　）

（48）我小时候经常把玩具拆开研究。（　　　）

（49）当接受新任务后，我喜欢以自己的方法去完成。（　　　）

（50）我有文艺方面的天赋。（　　　）

（51）我喜欢把一切安排得井井有条。（　　　）

（52）我喜欢当一名教师。（　　　）

（53）和一群人在一起的时候，我总想不出恰当的话说。（　　　）

（54）看情感影片时，我常禁不住流泪。（　　　）

（55）我讨厌学数学。（   ）

（56）在实验室里独自做实验会令我感到寂寞。（   ）

（57）对于急躁、爱发脾气的人，我仍能以礼相待。（   ）

（58）遇到难解答的问题时，我常常放弃。（   ）

（59）大家认为我是一名勤劳踏实的、愿为大家服务的人。（   ）

（60）我喜欢在人事部门工作。（   ）

计分方法：

符合以下"是"或"否"答案的记1分，不符合的记0分。

现实型（R）："是"［（2），（13），（22），（36），（43）］，"否"［（14），（23），（44），（47），（48）］。

研究型（I）："是"［（6），（8），（20），（30），（31），（42）］，"否"［（21），（55），（56），（58）］。

艺术型（A）："是"［（4），（9），（10），（17），（33），（34），（49），（50），（54）］，"否"［（32）］。

社会型（S）："是"［（26），（37），（52），（59）］，"否"［（1），（12），（15），（27），（45），（53）］。

企业型（E）："是"［（11），（24），（28），（35），（38），（46），（60）］，"否"［（3），（16），（25）］。

传统型（C）："是"［（7），（19），（29），（39），（41），（51），（57）］，"否"［（5），（18），（40）］。

将得分最高的三种类型按从高到低排列，就能得出适合自己的职业类型。

单元三　职业能力分析

学习目标

（1）理解职业能力的含义与构成。

（2）理解职业能力的分类。

（3）了解职业能力的培养途径。

（4）对个人的职业能力能够做出合理评价，通过有针对性的训练提升自己在职业能力上存在的不足，为将来的创业活动做好准备。

导入案例

初中毕业后，梅都怀着当导游的梦想，来到了某中职学校学习旅游专业。在校两年时间，她除了注重学习理论知识，还积极参加校内外的各种实践活动，抓住一切自我展示的机会。

高一时，梅都参加了学校组织的"校园十佳主持人"比赛，凭着一套"舞剑"才艺，获得了最佳才艺与最佳人气奖。她在学校举行的技艺节上获得了"导游技术能手"称号。在学校屡次获奖之后，梅都第一次代表学校去市里参加导游技能比赛，却没有获得名次。梅都没有气馁，经过一年的准备，第二次参加市里的导游技能比赛，终于拿回了第一名。高二时，梅都考取了导游证，实现了自己当导游的梦想。

回顾学校生活，梅都认为最重要的就是要自信。她说自己的记忆力不是最好，每次比赛，都要花大量的时间去背讲解词，成功的背后其实是无尽的汗水。她认为自己在才艺方面也没有优势，不擅长唱歌，小时候也没有接受过任何艺术培训班。但是，每个人总是有自己的特点，找出自己的特长是最重要的。梅都苦练"报菜名"，为她在导游比赛的才艺展示环节做了充分的准备。课余时间，她也会自学舞蹈。梅都说在学校期间的每一次活动，不管结果如何，她都收获很多。比赛前的准备，让她学习的动力特别足，相当于自己给自己施加了压力，学习效率很高，同时与选手们相互交流也成了一种乐趣，可以取长补短，是一种自我提升的良好机会。

毕业后梅都到某旅行社工作，担任导游员一职。导游确实是一个很磨炼人的职业，体味酸甜苦辣咸以后，仍能以快乐的心态用心坚持，便是成功。

梅都参加了市里举办的"第一届十佳金牌导游大赛"。参加决赛的二十位选手是从预赛的六十七名选手中脱颖而出的，实力强劲。决赛由风采展示、景点讲解、知识问答及才艺展示四个环节组成，选手既需要有娴熟、精湛的专业技能，也需要深厚的文化功底，同时还需要有灵活快速的应变智慧。梅都凭着扎实的专业功底、唯美的才艺表演获得了"首届金牌导游员"的称号。

思考：梅都凭借什么成为金牌导游员？

知识储备

一、职业能力的含义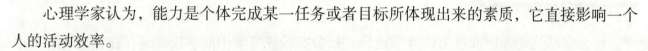

心理学家认为，能力是个体完成某一任务或者目标所体现出来的素质，它直接影响一个人的活动效率。

职业能力是人从事某种工作的多种能力的组合，它由以下三个内容组成。

（1）能够完成某项工作必须具备的能力，即任职资格。例如，不同专业的学生毕业前需要考取相关证书，如数控专业学生需要考数控中级证书、数控高级证书；汽修专业学生需要考取汽车维修中级证书；机电相关专业学生需要考取维修电工中级证书；幼儿保育专业学生需要考取保育员证书、育婴师证书及普通话等级证书等，每个专业所要求的必备的职业能力是不同的，因此需要考取的证书或者获得任职资格的内容也不同。

（2）在工作中所表现出来的职业素质。例如，数控专业要求学生具备较强的动手操作能力；会计专业要求学生能够保密，有高诚信度、高忠诚度等。

（3）职业生涯管理。职业生涯管理就是一个人职业发展的重要组成部分。

二、职业能力的分类

（一）一般职业能力

一般职业能力是指工作中所必须具备的能力，如学习能力、空间判断能力、语言表达能力、颜色分辨能力和身体协调能力等。

（二）专业能力

专业能力就是在具体工作中所应该具备的专业能力。例如，数控专业学生应具备数控相应技术能力，汽修专业学生应具备最基本的汽车维修能力（图4-4）。

图 4-4　某中职学校汽修专业学生在上课

三、职业能力的培养

社会实践是培养职业能力的有效途径。社会实践在各个中职学校普遍存在，说明它是中等职业教育教学体系的重要组成部分。通过参加形式多样的社会实践活动，有助于培养和提高中职生的学习思维和独立分析、解决问题、获取与利用信息以及应对挫折等职业能力，使中职生在未来的职业选择中更具竞争力。

社会实践对中职生职业能力的培养并不是孤立的，它与课程教学、专业教学等理论教学环节紧密相连；同时，各种形式的社会实践对能力的培养也不是割裂的，某一特定的实践活动可以同时培养中职生多方面的职业能力。所以当中职生参加过社会实践后，在认真思考和总结的过程中，他们必会收获多方面的经验，这是值得欣喜的。但是这种结果需要长期的"历"与"炼"才能获得，因此，社会实践是中职生职业能力培养的有效途径。社会实践阶段是中职生学习知识、培养能力、发展智力、丰富阅历、积累经验、准备承担成人责任的过渡期，也是他们步入社会的准备期。对每一个中职生来说，社会实践阶段是一生中最重要的时期之一。中职生既要适应前所未有的生活，又要对未来作出展望。

思考与讨论

（1）什么是职业能力？它由哪些因素构成？

（2）简述职业能力的分类。

活动与训练

下面是一般职业能力测评，我们可以测试个人职业能力水平。

（1）一般学习能力倾向测评（表 4-1）。

表 4-1 一般学习能力倾向测评

测评项目	强	较强	一般	较弱	弱
	1	2	3	4	5
快速而容易地学习新的知识的能力					
快速而正确地解决数学题目的能力					
你的学习成绩					
对课文的理解、分析、综合运用的能力					
对所学知识的记忆的能力					

（2）语言能力倾向测评（表4-2）。

表 4-2 语言能力倾向测评

测评项目	强	较强	一般	较弱	弱
	1	2	3	4	5
善于表达自己观点的能力					
阅读速度和理解能力					
掌握词汇量的程度					
你的语文成绩					
你的文学创作能力					

（3）算术能力倾向测评（表4-3）。

表 4-3 算术能力倾向测评

测评项目	强	较强	一般	较弱	弱
	1	2	3	4	5
对物和量的抽象概括能力					
笔算能力					
口算能力					
珠算能力					
你的数学成绩					

（4）空间判断能力倾向测评（表4-4）。

表4-4　空间判断能力倾向测评

测评项目	强	较强	一般	较弱	弱
	1	2	3	4	5
解决立体几何方面问题的能力					
画三维度立体几何的能力					
看几何图形立体感的能力					
想象盒子展开后平面形状的能力					
想象三维度的物体的能力					

（5）形态知觉能力倾向测评（表4-5）。

表4-5　形态知觉能力倾向测评

测评项目	强	较强	一般	较弱	弱
	1	2	3	4	5
发现相似图形中细微差异的能力					
识别物体形态差异的能力					
注意物体细节部分的能力					
观察图案是否正确的能力					
对物体细微描述的能力					

（6）文秘能力倾向测评（表4-6）。

表4-6　文秘能力倾向测评

测评项目	强	较强	一般	较弱	弱
	1	2	3	4	5
快速而准确地抄写材料的能力					
发现错别字或计算错误的能力					
能很快地查找编码卡片的能力					
较长时间工作的能力					
一般应用文的写作能力					

（7）眼手运动协调能力倾向测评（表4-7）。

表4-7　眼手运动协调能力倾向测评

测评项目	强	较强	一般	较弱	弱
	1	2	3	4	5
玩电子游戏的能力					
篮球、排球、足球运动的能力					
乒乓球、羽毛球运动的能力					
珠算的能力					
打字的能力					

（8）手指灵巧倾向测评（表4-8）。

表4-8　手指灵巧倾向测评

测评项目	强	较强	一般	较弱	弱
	1	2	3	4	5
灵巧地使用很小工具的能力					
穿针眼、编织等使用手指活动的能力					
使用手指做一件小工艺品的能力					
使用计算器的灵巧程度的能力					
弹琴（钢琴、电子琴、手风琴）的能力					

（9）手的灵巧倾向测评（表4-9）。

表4-9　手的灵巧倾向测评

测评项目	强	较强	一般	较弱	弱
	1	2	3	4	5
用手把东西分类的能力					
在推拉东西时手灵活度的能力					
快速地削水果的能力					
灵活地使用手工工具的能力					
绘画、雕刻等手工活动的灵巧性					

计算方法如下。

（1）首先计算每次的平均分。其计算公式为：

每次的平均分＝［（第1列选择次数之和×1）＋（第2列选择次数之和×2）＋（第3列选择次数之和×3）＋（第4列选择次数之和×4）＋（第5列选择次数之和×5）］÷5

（2）将每一次的平均分填入表4-10中。

表4-10　各项目的平均分

序号	1	2	3	4	5	6	7	8	9
项目	一般学习能力倾向	语言能力倾向	算术能力倾向	空间判断能力倾向	形态知觉能力倾向	文秘能力倾向	眼手运动协调能力倾向	手指灵巧倾向	手的灵巧倾向
平均分									

模块五

创业概述

模块导读

在当下问什么是创业，相信大多数人给出的答案都是开创一家新的企业。但是，创业真的只是创办新企业吗？学者对创业给出了各种不同的定义。各种定义出现的关键词频率最高的是"开始、创建、创造""新事业、新企业""创新、新产品、新市场""追逐机会""风险承担、风险管理、不确定性""资源或是生产方式的新组合"等。在"大众创业、万众创新"的浪潮下，需要知行合一，理论联系实际，既要参与创业实践，也要注重创业基本理论和创业精神的学习。

知识导图

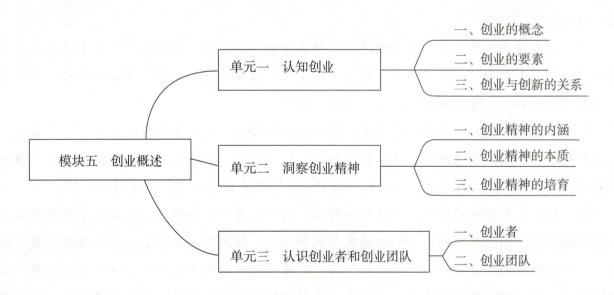

单元一　认知创业

学习目标

（1）理解创业的概念。

（2）掌握创业的要素。

（3）了解创业与创新的关系。

（4）认识创业对个人、社会、国家的重要意义，能对自己的创业之路做出规划。

导入案例

吴光钦初中毕业后进入某中职学校，并如愿地成为机电一体化班的学生。进入中职后，吴光钦变得特别努力，每学期都会获得学校奖学金，并多次被评为校级优秀学生干部。因为对机械"情有独钟"，吴光钦学起专业课格外用功，表现也非常突出。班主任老师推荐他参加学校数控兴趣小组。吴光钦每天课余时间都泡在实训场地强化训练。从钳工、普车、铣车到数控车，只要学校有的设备，他都学会了操作，掌握了 CAD、CAXA 等软件。一分耕耘一分收获，吴光钦的努力终于换来了成果，连续两年获市中等职校师生技能竞赛学生组第一名的好成绩。

在一次省级比赛失利后，吴光钦决定：放弃攻读高级工班，远赴沈阳某大学攻读本科机械制造专业。大学期间，吴光钦先后获得"辽宁省数控车工技术能手"等荣誉称号，并在第三届全国职工职业技能大赛上获数控车决赛一等奖。

大学毕业后，吴光钦和几个有着共同创业梦想的朋友一起开了家数控加工厂，主要承包企业各种零件加工。遗憾的是，这家数控加工厂仅维持了两年，最后宣告破产。"当时真觉得天塌下来一样，那是我过得最艰难的一段时期。"现在回想起来，吴光钦很坦然。

创业路上难免会遭遇失败，关键是要有面对失败的勇气。坚强、勇敢的吴光钦并没有放弃他的创业梦，而是利用两个月的时间重新调整状态。他决定一边在企业积累经验和提升技术，一边继续他的创业梦想，完善他的产品。凭着一身过硬的专业技术，吴光钦很快在一家水轮机公司担任技术研发部主管，主要负责公司的技术研发、产品维修和项目洽谈。这份工作给了吴光钦更多的锻炼机会，他从一个内敛、不善言辞的小伙子慢慢成为一个能独当一面的主管。他带领着自己的团队，开发出一系列节能水轮机，为公司创造了巨大的效益。

　　吴光钦经常带着已经申请的两项专利奔走在各个行业展会间，他相信有朝一日自己的技术和产品一定会得到推广，他的创业梦一定会实现。他说，自己目前还有一项多功能水轮机专利在申报，一个人只要拥有足够的信心、坚持不懈的毅力、不怕失败的勇气，那么有志者终会事竟成。

　　思考：创业需要哪些要素？

知识储备

一、创业的概念

　　创业活动已经成为当今社会的普遍性活动。"创业"一词最早出现在《孟子·梁惠王下》："君子创业垂统，可为继也。"《辞海》中对创业的解释是："创业，开创基业。"

　　当前，国内对于创业的看法分为狭义创业和广义创业两种。狭义的创业一般是指创业者成立一个符合国家法律法规要求的经营组织，通过不同的方法和手段，对其所拥有的资源进行整合，创办一个企业并创造利润的过程。广义的创业是指人们在特定背景下，在工作、生活、学习、经营等各种不同领域里进行创造性的实践活动，并取得较好的成绩，创造出一番事业，其功能更多地指向成就。对于广义创业，也有人称之为创立基业或创办事业，也就是自主地开拓创造业绩，而不是仅仅创办法律意义上的企业。

　　创业主要有以下核心内涵：第一，创业的主体是具有创造意愿和创新思维的人；第二，创业是一种创造性的行为或者活动；第三，创业的结果是创造社会价值。

　　本书中除特别说明的情况外，一般是指狭义的创业。

二、创业的要素

　　创业要素可以归纳为创业者、商业机会、组织、资源、价值、创业精神等几个方面。

（一）创业者

　　创业者是创业过程中处于核心地位的个人或团队，是创业的主体。个人创业十分常见，团队创业更是一种重要的创业趋势。在团队创业中，团队成员共同承担风险、贡献能力和享有资源，分工协作，共同创造价值和享有成果。创业者在创业过程中起着关键的推动和领导作用，包括识别商业机会、创建企业组织、融资、开发新产品、获取和有效配置资源、开拓新市场等。创业的成败，主要取决于创业者素质的高低和经验的多少。

（二）商业机会

商业机会是没有被满足的市场需求，它是现有企业在市场竞争中留下的市场空缺。商业机会就是创业机会。商业机会是创业的基础，创业者从发现和识别商业机会开始创业。识别和利用商业机会并将其转化为价值的过程就是创业过程。

（三）组织

组织是协调创业活动的系统，是资源整合的平台。创业型组织的显著特征是创业者的强有力领导和缺乏正式的组织结构以及完善的组织制度。

（四）资源

资源是组织中的各种投入，包括各种人、财、物。资源不仅指有形资产，如厂房、机器设备，也包括无形资产，如专利、品牌和时间成本；不仅包括个人资源，如个人技能、经营才能，也包括社会网络资源，如信息、权力影响、情感支持、金融资本等。

（五）价值

价值是创业者为社会提供的产品和服务。创造价值，既是创业者成功的必要条件，也是创业者对社会的贡献。

（六）创业精神

创业精神通常可以从两个层次理解：一是在精神层面可理解为一种思维方式，这种思维方式的基础是创新；二是创业精神的实质在于发现和把握机会，并且创造价值。创业精神必须将创业思维与创业活动结合起来，这样才会产生效果和价值。

三、创业与创新的关系

创业与创新是两个不同的概念，但是两者存在着本质上的契合，内涵上的相互包容和实践过程中的互动发展。

创新是创业的基础，而创业推动着创新。从总体上说，科学技术、思想观念的创新可以促进人们物质生产和生活方式的变革，进而为整个社会不断地提供新的消费需求，这是创业活动不断发展的根本动因；另外，创业在本质上是人们的一种创新性实践活动。无论是何种性质、类型的创业活动，它们都有一个共同的特征，那就是创业是主体的一种能动的、开创性的实践活动，是一种高度的自主行为；在创业实践的过程中，主体的主观能动性将会得到充分的发挥，同时也充分体现了创业的创新性特征。

创新是创业的本质与源泉。创业者只有在创业的过程中具有持续不断的创新思维和创新意识，才可能产生新的富有创意的想法和方案，才可能不断寻求新的模式、新的思路，最终获得创业的成功。

创新的价值在于创业。从一定程度上讲，创新的价值就在于将潜在的知识、技术和市场机会转变为现实生产力，实现社会财富的增长，造福于人类社会。而实现这种转化的根本途径就是创业。创业者可能不是创新者或发明家，但必须具有能发现潜在的商机和敢于冒险的精神；创新者也并不一定是创业者或企业家，但是创新的成果是经由创业者推向市场，使潜在的价值市场化，创新成果也才能转化为现实生产力。这也从侧面体现了创新与创业的相互关联。创业推动并深化创新。创业可以推动新发明、新产品或是新服务的不断涌现，创造出新的市场需求，从而进一步推动和深化各方面的创新，因而也就提高了企业甚至是整个国家的创新能力，从而推动经济的增长。

通过以上对于创业与创新关系的论述，我们知道其内在相关、密不可分，并且了解了创业与创新的联合对于解决我国目前就业问题至关重要，大到影响我国的发展与前景。由于创新与创业的密切联系，我国职业教育的创业与创新教育应该相互渗透融合，弘扬创新创业精神，健全创新创业机制，完善创新与创业的环境，加强创新与创业的交叉渗透和集成融合，并且不断地在实践中结合，从而推动社会的可持续发展。

思 考 与 讨 论

（1）简述创业的含义。

（2）简述创业的要素。

（3）简述创业和创新的关系。

活动与训练

一个人到底适不适合创业？可以通过"创造和创新能力"以及"综合管理能力、业务能力和关系网络"两个维度考量自己适合的职业类型。创业者对这两方面的能力要求均较高，如图5-1所示。

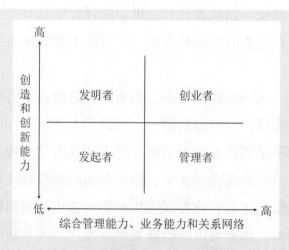

图 5-1　不同职业类型的素质要求

对于适合创业的个体而言，可以通过表 5-1 的简单测试检查其是否已经准备好进行创业了。

表 5-1　创业准备测试题

测试问题	是 / 否
我有充分的信心迎接创业过程中的困难和挑战	
我想拥有财务方面的独立	
我一直想取得成就并因此受到赞扬	
我知道会有失败的风险，但我依然喜欢尝试新事物	
我想掌握自己的命运	
成立一家新公司是我人生中很重要的一件事	
我相信成立新公司能够赚钱并获益	
近期我一直在考虑成立一家新公司	
我喜欢和其他人一起工作	
如果有人赞同的话，我愿意做领导	
我的家人和朋友都支持我创业	
我在想要进入的行业中拥有很多人脉	
我在想要进入的行业中拥有相应的技能	

对于表 5-1 中的 13 个问题，如果有 10 个以上的答案是"是"，就说明被测者有可能适合创业。

即便测试结果表明你已经准备好了创业，这也只是一种可能性，并不保证你创业一定会成功。创业不仅需要很多方面的知识，更需要很多技能以及创业实践经验。创新创业基础只是创业的入门课程。如果你想创业，首先要掌握创新创业入门知识，打好创新创业的基础，同时认真学好本专业课程，然后再去参加创新创业辅修或其他创新创业实训，参加各类创新创业实践，为自己创业打下良好的基础。

单元二　洞察创业精神

学习目标

（1）理解创业精神的概念与内涵。

（2）理解创业精神的本质。

（3）掌握创业精神的培育手段。

（4）能够对自己的创新精神进行评价，发现不足，通过有针对性的训练提升个人的创业意识和创业精神。

导入案例

吴利军从某中职学校机电专业毕业后，进入了深圳某科技集团。从制作模具的底层员工做起，通过不断的努力，他成为集团的厂区主管。几年后，喜爱青瓷的吴利军回到家乡，开启了全新的创业之路。

"青如玉、明如镜、声如磬、薄如纸"的青瓷，观赏自是联想万千，意韵无限，可是制作的过程却没有这么美妙。没有一点青瓷制作基础的吴利军吃了不少苦头。回到家乡拜师学艺后，成立了瓷文化创意公司的他每天早上五六点起床，以勤补拙，从最初的工艺开始，一步步熟悉，一遍遍揣摩，废寝忘食，经常忙到午夜。

为了更深入地从文艺理论、化学原理等方面夯实青瓷制作的基础，吴利军花费了一年半的时间去福建某学院进修，并重点学习雕塑艺术设计，这使他之后的创作有了更深的积淀。

随着吴利军青瓷工艺的日臻完美，其成品越来越受到人们的青睐，业绩也蒸蒸日上。欣喜于努力得到肯定的同时，吴利军有了新的想法。在制作青瓷器物的同时，吴利军发现了一个问题。提及青瓷，人们想到的是杯盘碟碗、盆罐壶瓶，怎么就没有青瓷人物类的产品呢？

原来，青瓷人物产品线条曲折，浓妆淡抹，整体造型不如瓷瓶规则，一旦进入1 300摄氏度高温的窑炉中，人物的部分线条容易被烟熏黑，受热不均导致整件作品爆开也是常有的事，久而久之，青瓷人物就成了工艺师们不再涉及的领域。

为了解决青瓷人物烧制过程中的困难，吴利军花费了两年时间，不断摸索，多番试验，三个多月的时间里，针对一个作品，三十多天的精雕细琢，一个多月的调色上釉，百般尝试后，一尊"明彻世情道逍遥"的弥勒佛成功问世，一举引出了青瓷人物制作的新方向。在杭州文博会上，吴利军就凭借着一尊名为"指日高升"的弥勒佛青瓷人物作品获得了精品展金奖。

　　思考：在创业过程中，我们要依靠什么克服遇到的各种困难？

知识储备

一、创业精神的内涵

　　创业精神是指在创业者的主观世界中，那些具有开创性的思想、观念、个性、意志、作风和品质等。

　　创业精神有三个层面的内涵：①哲学层面的创业思想和创业观念，是人们对于创业的理性认识；②心理学层面的创业个性和创业意志，是人们创业的心理基础；③行为学层面的创业作风和创业品质，是人们创业的行为模式。

二、创业精神的本质

　　创业精神是创业者的本质。创业者是参与企业的组织和管理的具有创业精神的人。创业精神主要包括冒险精神、诚信守法、创新精神、实干精神以及社会责任感。

　　（1）冒险精神。创业者是风险承担者。

　　（2）诚信守法。诚信守法是创业者应具备的基本精神素质。诚信是市场经济的基本信条，只有诚信守法、注重声誉的企业，才能在激烈的市场竞争中获得最大的利益。

　　（3）创新精神。创业精神的本质就是创新，创新是企业持续发展的根本。具体来说，创新精神主要指创造新的生产经营手段和方法、新的资源配置方式，以及新的符合消费者需求的产品和劳务。

　　（4）实干精神。创业者需要决断力、信心、说服力以及坚定不移的品质。光创业者自己有信心还不够，他还必须有能力说服别人相信他的判断，这样才能引来投资或他人的支持。

　　（5）社会责任感。企业在对股东利益负责的同时，还要承担对员工、对消费者、对社区和环境的社会责任，包括遵守商业道德、保障生产安全和职业健康、保护劳动者的合法权益、保护环境、支持慈善事业、捐助社会公益事业和保护弱势群体等。

三、创业精神的培育

　　创业精神的培育需要做到以下几点。

（1）**精力充沛，努力工作。**为了成功地实现创业计划和目标，要为所面临的挑战和问题寻找解决办法。

（2）**要有获得成功的欲望和完成任务的决心。**无论做什么事情，积极的态度和对任务的把握都有利于取得比较满意的结果。它会使你比一般人工作更加努力。

（3）**具有任务导向的行为。**相信只有很好地执行并按时完成任务，才会获得满意的回报。对结果的关注有助于把精力集中在要做的事情上。

（4）**能够进行换位思考，**善于体会潜在顾客的感觉和想法。

（5）**足智多谋，具有领导智慧。**善于把握问题，组织并有效利用完成任务所必需的各类资源。

（6）**做事有明确的计划，**比如创业需要有一个正式的书面计划，回答诸如为什么建立这个企业、需要做什么事情、如何做、谁来做、何时完成等问题，以便把握创业的整体情况。这样做有助于进一步明确形势，作出是否建立企业的决策。

（7）**敢于承担风险。**无论干什么事情，开展什么活动，都必须作出相应的决策。有事业心和进取精神的人会在调查研究之后作出决策，因此他们通常会取得最后的成功并得到回报。

（8）**创新能力。**创新能力是具有创业精神者的另一个特点，它会让人另辟蹊径。无论身处何种环境，通过个人的主动性、想象力、直觉和洞察力，总能够改变一些事情，也总是能够找出做事的方法。信息是创新的基础。有事业心和进取精神的人都非常重视各类信息，对信息非常敏感，并擅长进行信息搜集、整理和研究工作。

思考与讨论

（1）＿＿＿＿＿＿＿是指在创业者的主观世界中，那些具有开创性的思想、观念、个性、意志、作风和品质等。

（2）简述创业精神的内涵。

（3）简述创业精神的本质。

（4）如何培育创新精神？

活动与训练

训练名称：生死电网。

训练目标：培养学生在创业活动中的心理素质。

训练程序：

（1）在两棵树之间用绳子织网，要求形成大小形状都不同的十几个洞口。

（2）假设绳子为高压线，在规定时间内，队友要互相配合，在不触碰网的情况下全部通过。

（3）每次穿过的洞口不能再过人，碰到高压线表示任务失败，需重新再来。

（4）过网过程中会有敌机出现，要保持警惕，不能用言语交流。如违反则代表任务失败，需重新再来。

建议时间：15分钟。

单元三　认识创业者和创业团队

学习目标

（1）理解创业者的含义，知晓创业者应具备的基本素质和能力。

（2）理解创业团队的含义，了解创业团队的要求，掌握创业团队五要素的内容，掌握创业团队组建与管理的主要工作。

（3）能够明白创业不是一个人的事业，积极寻找志同道合的同伴，交流创业知识和经验，讨论创业规划，组建创业团队。

导入案例

韩洪发中考后就读于青岛某中职数控班。他苦学机床操作技术，并在青岛市中等职业学校职业技能大赛中获得数控车工二等奖。在校学习期间，韩洪发看见学校实训车间一台台先进的机床设备，不由冒出了一个大胆的想法：如果能利用这些平时闲置的先进设备，为各大机械制造厂加工配件，一定能创造出不菲的经济效益。

韩洪发找到学校，希望实训车间的设备课余时间能让自己用，这个提议得到了学校的支持。两个月后，韩洪发接到了第一个订单：为当地一家企业修改一批有瑕疵的配件。韩洪发只用了两个小时就完成了他的第一单生意，赚了七千元钱。

毕业后，韩洪发决定自主创业，他依靠母校，利用之前攒下的人脉继续做订单，也给学弟学妹提供了一个实习的平台。韩洪发在不断磨砺中，很快掌握了机械加工的知识、销售流程和市场开发、网络建设的常识，在机械加工领域的成长之路上突飞猛进。刚满19岁，韩洪发就买了自己的车和房子。

韩洪发没有飘飘然，他很清楚自己刚开始的创业纯粹是借鸡生蛋，如果不是借用学校的这些设备，他根本就不可能赚到钱。一个大胆的想法在韩洪发脑袋里冒出来：为什么不注册自己的品牌呢？这个更富挑战性的想法不正是自己要寻找的平台吗？做配件加工，只能依附于别人，只能在青岛当地内销，做不了很大，也不可能做大。必须有自己的产品，这样在全国各地、在更大的市场，才能施展开自己。

带着这个大胆的想法，韩洪发用靠配件加工攒下的四百多万元，租赁厂房，购买设备，成立了自己的公司，开始自己生产数控冲床。

创业路上鲜花与掌声总是与荆棘和坎坷为伴，但是凭借着对事业的执着，韩洪发坚持下来了。公司从最初的几个人，发展到现在的几十人，在广东、江苏、河北等地设立了七家办事处，年销售额达两千余万元，公司生产的数控冲床涉及太阳能、汽车、柜类、金属家具等十几个领域，产品畅销国内外。

谈及未来，韩洪发有更长远的打算。他要借鉴国内外大公司先进经验，努力创建一流公司，着力打造一流品牌，不断提升市场竞争力。

思考：创业者最重要的素质是什么？

知识储备

一、创业者

（一）创业者的含义

创业者一般有广义和狭义之分：广义的创业者是指参与创业活动的全部人员；狭义的创业者是指参与创业活动的核心人员，包括创业领头人及其管理团队。创业领头人对于创业活动的推动具有核心作用，与其他创业参与者相比，更具有超出一般的特征、素质与能力。

创业者是指创业活动的推动者，或者是活跃在企业创立和新创企业成长阶段的企业经营者。

（二）创业者的基本素质

根据我国的创业环境，创业者的基本素质包括创业意识、心理品质、创业能力和知识结构等要素。

（1）**文化知识丰富**。在竞争日益激烈的今天，单凭热情、勇气、经验或只有单一专业知识，要想成功创业是很困难的。创业者要进行创造性思维，要作出正确决策，必须掌握广博的知识，具有一专多能的知识结构。

（2）**心理素质好**。作为创业者，其自我意识特征应为自信和自主；其性格应刚强、坚忍、果断和开朗；其情感应更富有理性色彩。

（3）**身体健康**。创业是一项繁重和复杂的工作，创业者如果身体不好，必然力不从心，难以承受创业重任。因此，创业者要力争做到身体健康、体力充沛、精力旺盛、思路敏捷。

（4）**坚持不懈**。在创业领域没有任何捷径可走，只有专心致志和坚持不懈的人，才能克服在通往目标的道路上所遇到的危机和障碍。

（5）**敢冒风险**。创业者要具备评估风险程度的能力，具有驾驭风险的有效方法和策略。

（6）**善于交流**。创业者需要与客户打交道，与公众媒体打交道，与外界销售商打交道，与企业内部员工打交道，这些交往、沟通可以排除障碍，化解矛盾，降低工作难度，增加信任度，有助于创业的成功。

（7）**克服盲目冲动和私利欲望**。创业者要善于克制，防止冲动；要自觉接受法律的约束，合法创业，合法经营，依法行事；自觉接受社会公德和职业道德的约束，文明经商，诚实经营，互助互利。

（8）**树立危机意识**。创业者要有危机意识，在心理上及行动上有所准备，以应付突如其来的变化。

（三）创业者应具备的能力

创业者能力是指作为创业者应该具有的工作能力，一般是通过教育、培训或在实践工作中通过工作经验的积累而获得的。创业能力是实施创业和决定创业能否成功的关键。在现代社会，竞争日趋激烈，一个人能否在竞争中占据优势、成功创业，一定程度上取决于其所拥有的或者能够运用的各种能力。

（1）**责任感和领导力**。创业者应具有主人翁意识，愿意承担企业管理重任；具有牺牲精神，对企业、员工和利益相关者负责；具有领导者魅力和威信，诚实、可靠、令人信服，快速学习，积极主动，不怕失败。

（2）**分析决策的能力**。创业者应能够系统分析，归纳总结，注重细节，果断决策。

（3）**人际交往的能力**。创业者要善于交际和公关，能够妥善处理好企业与各利益相关者（员工、合作伙伴、股东、用户、供应商、政府部门、竞争对手等）之间的关系。

（4）**对市场的洞察力**。创业者应善于观察，对市场和环境变化敏感，善于发现问题和用户需求，能快速捕捉到市场机会和威胁。

（5）**评价创业机会的能力**。创业者要能够理性地评价商业机会，决定是否进入或退出。

（6）**创造性解决问题的能力**。创业者要思维开放，水平思考，不受固有模式和习惯束缚，敢于突破创新，主动解决问题，提出创造性解决方案。

（7）**建立企业发展愿景**。创业者要能够制定企业发展规划，确定企业发展目标，让员工和合伙人明确企业愿景并为之付出努力。

（8）**应对模糊、不确定性的能力**。创业者要能够容忍初创企业的组织结构缺陷，灵活应对环境、市场、人员及竞争对手的变化，灵活快速调整解决方案。

（9）**评估、防范和治理创业风险的能力**。创业者要能够预计创业可能发生的风险，对风险进行评估，寻求风险分摊方案，使风险最小化，承担可能发生的风险。

（10）**团队合作和管理的能力**。创业者要组建初始创业团队，合理分工，鼓舞他人，分享责任和财富。

（11）**营销和销售创意的能力。** 创业者要具有营销能力、销售技巧，能够吸引潜在用户和投资者。

（12）**资源整合的能力。** 创业者要具有综合协调能力，整合能力，引进人才和资金等资源的能力。

二、创业团队

（一）创业团队的含义

创业团队是指在创业初期（包括企业成立前和成立早期），由一群才能互补、责任共担、愿为共同的创业目标而奋斗的人所组成的特殊群体。

从团队的含义中我们可以看出，创业团队的组成人员不是一个人，而是一群志同道合的人。创业团队的成员要有共同目标，才能互补并愿意共同承担责任（图5-2）。

图5-2　创业团队

（二）创业团队的要求

初创团队需要注意以下两点。

（1）**创业初期必须选择好创始人团队。** 对初创团队来说，尽量不要接纳兼职团队成员。创始人团队一定是一群志同道合的人，不能随便一个人就能加入。

（2）**任何一个加入创业团队的成员都必须深思熟虑。** 这些成员都需要具有很强的综合管理能力和软技能，同时具有极强的学习能力，然后才是独当一面的专业技能。创业团队核心竞争力一定在于管理团队的思维合力和思考的互补性。

（三）创业团队五要素

任何组织的团队，都包括五个要素，简称"5P"。

（1）目标（Purpose）。目标是将人们的努力凝聚起来的重要因素，从本质上来说创业团队的根本目标都在于创造新价值。

（2）定位（Place）。只有明确个人在创业团队中担任的职务和承担的责任，才能优势互补。

（3）权限（Power）。创业团队成员要明确各自的工作范围、工作重心、工作目标，并根据创业团队发展阶段和所涉及的行业变化进行不同的调整。

（4）计划（Plan）。一是根据外部环境与内部条件的分析，提出未来一定时期内要达到的目标及实现目标的方案。二是用文字和指标等形式，表述在未来一定时期内关于行动方向、内容和方式的安排。

（5）人员（People）。团队是由个人组成的。人作为知识的载体，所拥有的知识对创业团队的贡献程度将决定创业团队在市场中的命运。

（四）创业团队的组建与管理

1.创业团队组建的基本原则

（1）**目标明确合理原则**。目标必须明确，这样才能使团队成员清楚地认识到共同的奋斗方向是什么。与此同时，目标也必须是合理的、切实可行的，这样才能真正达到激励的目的。

（2）**互补原则**。创业者之所以寻求团队合作，其目的就在于弥补创业目标与自身能力间的差距，通过相互协作发挥出"1+1>2"的协同效应。

（3）**精简高效原则**。为了减少创业初期的运作成本、最大比例地分享成果，人员构成应在保证创业团队能高效运作的前提下尽量精简。

（4）**动态开放原则**。在组建创业团队时，应注意保持团队的动态性和开放性，使真正完美匹配的人员能被吸纳到创业团队中来。

2.创业团队组建的程序及主要工作

（1）**明确创业目标**。创业团队的总目标就是要通过完成创业阶段的技术、市场、规划、组织、管理等各项工作实现企业从无到有、从起步到成熟。

（2）**制订创业计划**。创业计划是在对创业目标进行具体分解的基础上，以团队为整体来考虑的计划，确定在不同的创业阶段需要完成的阶段性任务，通过逐步实现这些阶段性目标来最终实现创业目标。

（3）**招募合适的人员**。关于创业团队招募，应考虑两个方面：一是考虑互补性，即考虑其能否与其他成员在能力或技术上形成互补；二是考虑适度规模，适度的团队规模是保证团队高效运转的重要条件。一般认为，创业团队至少需要管理、技术和营销三个方面的人才，规模控制在 2 ~ 12 人。

（4）**职权划分**。创业团队的职权划分就是根据执行创业计划的需要，具体确定每个团队成员所要担负的职责以及相应所享有的权限。

（5）**构建创业团队制度体系**。创业团队制度体系主要包括团队的各种约束制度和各种激励制度。

（6）**团队的调整融合**。随着团队的运作，团队组建时在人员匹配、制度设计、职权划分等方面的不合理之处会逐渐暴露出来，这时就需要对团队进行调整融合。在进行团队调整融合的过程中，最为重要的是要保证团队成员间经常进行有效的沟通与协调，培养强化团队精神，提升团队士气。

（五）创业团队的管理

1.团队冲突分裂的原因分析

（1）过分追求民主，没有形成创业领袖人物。

（2）创业团队盲目自信。

（3）团队成员中个别成员有畏惧心理。

（4）创业团队成员搭配不尽合理。

（5）因为性格、个性、兴趣不合，导致磨合出现问题。

（6）团队成员之间缺乏共同的创业目标、利益、思路、纲领、规则等。

（7）团队成员中有些人能力不适应企业发展的需要。

（8）没有明确的利润分配方案。

2.加强团队建设的主要工作

（1）明确努力目标。

（2）坚持公平原则。

（3）理性角色定位。

（4）积极有效沟通。

（5）建章立制。

（6）扩充团队。

思 考 与 讨 论

（1）创业者是指创业活动的_____，或者是活跃在企业创立和新创企业成长阶段的_____。

（2）_____是指在创业初期（包括企业成立前和成立早期），由一群才能互补、责任共担、愿为共同的创业目标而奋斗的人所组成的特殊群体。

（3）创业团队至少需要_____、_____和_____三个方面的人才，规模控制在_____人。

（4）简述创业者应具备的基本素质。

（5）什么是创业者能力？它包括哪些内容？

（6）简述创业团队五要素的内容。

（7）如何进行创业团队管理？

活动与训练

寻找三个你熟悉的创业团队，了解、分析他们是如何寻找和激励团队成员，以及如何化解矛盾的。

模块六

创业准备

模块导读

　　在我们的生活中，有许多创业成功的例子，他们创业成功的经历被许多人传颂，并且成为教学案例。从诸多成功的案例中我们发现，成功有时候可能就是因为一个机会。它可能源于你对生活的观察；可能源于朋友的一句话；可能源于你的专业；可能源于一次休闲活动……我们要在日常的生活中积累自己，发展自己，这样才能做好准备。当机会到来时，能抓住它的都是有准备的人。

　　创业有风险，进入需谨慎。风险随时都可能降临，如经济风险、技术风险、财务风险、管理风险……这就需要我们具备识别和规避风险的能力，使初创企业持续地走下去。

知识导图

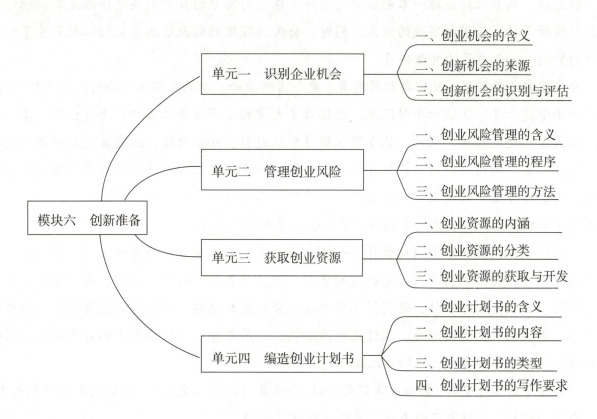

单元一 识别创业机会

学习目标

（1）理解创业机会的含义。

（2）了解创业机会的来源。

（3）掌握创业机会的识别与评估。

（4）能够明白创业机会总是属于有准备的创业者的道理，通过学习和时间提升自身素养，不断发现隐藏在社会生活中各种创业机会。

导入案例

喜欢上网的周兵在父母的支持下，来到某中职学校计算机专业学习。凭借着对计算机的浓厚兴趣，他学习起来特别努力，成为班里的尖子生。

毕业后，周兵来到当地一家电脑公司实习。在公司实习的日子周兵觉得很充实，他终于体验到将所学技术应用到实践的快乐，同时，公司总经理的创业经历也让他心里萌生了一个创业的梦想——开自己的电脑公司。

要实现自己的梦想，就需要积累更多、更丰富的经验。周兵在某通信公司做了代维工作，而且一干就是六年。在这六年时间里，他接触了大量的企事业单位客户，为自己以后事业的发展积累了一定的人脉。同时，他发现在做维护的时候，80%的客户经常会遇到计算机软硬件方面的需求，而通信公司只提供宽带方面的维护，在计算机软硬件方面存在着巨大的消费市场，而这些方面不正是自己的老本行吗？作为一名计算机专业出身的专业人士，周兵一下子看到了市场的潜力，自己开电脑公司的信念也更加坚定起来。

说干就干，周兵和弟弟周群合开了一家电脑公司，弟弟负责市场营销，周兵负责维护。公司起步阶段，兄弟俩只有四万元的启动资金，但凭借着积累的客户资源，周兵迅速打开了当地市场，不仅卖电脑硬件，还获得了当地大部分宾馆的电脑维护业务。凭借着良好的口碑和信誉，周兵的生意越做越大，经过几年的发展，公司年营业额就达到了两百多万元，而且现在的客户都是优质客户，市场也比较稳定。

"最简单的事是坚持，最难的事还是坚持。"这是周兵的人生格言，从他的创业过程来看，坚持自己的梦想，坚持自己的专业，最终才能取得成功。

思考：如何发现创业机会？

知识储备

一、创业机会的含义

创业是建立在机会的基础上。顾名思义，机会即恰好的时候、时机。

创业机会，又称商业机会或者市场机会，是指在市场经济条件下，社会的经济活动过程中形成和产生的一种有利于企业经营成功的因素，是一种带有偶然性并能被经营者认识和利用的契机。

大多数创业者都是把握了商业机会从而成功创业，如好利来的罗红看到了蛋糕市场的商机，雷军看到了智能手机市场的商机，李彦宏看到了中文搜索引擎市场的商机。在现实生活中，这样的例子不胜枚举。但是，仅有少数创业者能够把握创业机会从而成功创业，一旦创业成功，不仅会改变人们的生活和休闲方式，甚至能创造出新的产业。随着人们对创业机会价值潜力的探索，会逐渐衍生出一系列的商业机会，从而滋生出更多的创业活动，例如互联网创业的例子。

二、创业机会的来源

对于初创企业来说，创业机会主要来自创业者对环境变化的感知和认知。复杂的不断变化的环境带来创造新事物的潜力。环境的变化包括知识、技术、经济、政治、社会和人口等条件的变化。环境的变化带来了创造新产品或服务、新市场、新生产过程、新的材料或组织现有技术的新方法等的潜力，就是所谓的创业机会。

（一）技术变化

互联网技术的发展及其对当今社会经济各方面的影响举世瞩目。我们可以分别从两个方面来理解"互联网＋"的概念：其一，"互联网＋其他行业"，创造了传统行业的新业态；其二，以互联网技术为基础发展起来的新技术，主要有移动互联网、物联网、大数据、云计算等新技术，以及以此为基础发展起来的新产业、新行业。

互联网技术不仅给社会生活带来了新的变化，更改变着社会经济的结构。人和人之间的交往不再受到区域和行业的限制，而是跨越时空的立体式的交流。如此巨大的技术革命必然带来大量的创业机会（图6-1）。

技术机会主要体现在：①新技术对旧技术的迭代；②新技术实现了新的功能；③新技术带来了需要解决的新问题。

图 6-1 互联网 + 创业

（二）经济政治格局的转型

世界经济格局的变化必然伴随着全球产业的战略大迁移，在产业迁入地和迁出地，都会形成一定的市场需求，从而带来创业机会。就我国而言，随着人均 GDP 达到并超过中等发达国家水平和人力资源成本的提高，制造业正在从东南沿海的发达地区向中西部地区转移。东南沿海发达地区正在进行产业升级，高端制造业和服务业正在逐步替代传统的制造业；中西部地区也正在利用自身的自然资源和人力资源的优势承接转移过来的制造业企业。

作为全球第二大经济体，中国经济发展已经呈现出明显的外部性。"一带一路"倡议拉近了中国的中西部地区与国际市场的距离，扩展了东南沿海地区与国际市场的链接。"大众创新、万众创业"政策，使中华大地成为小微企业和创新企业的沃土。

（三）政府管制的改变

随着我国经济改革的不断推进，政治改革也在稳步进行。政治改革为创业提供了基础条件：

（1）**政府的服务职能在不断强化**，为企业提供服务更便利，为企业发展营造了宽松的政治环境。

（2）**政府对某些特定行业的开放**，对创新创业企业来说是非常有价值的机会。

（3）**政府对特定类型企业的减免税收政策**，对初创的小微企业来说是巨大的福利。

（4）**政府对特定行业的引导和支持**，也会成为创业的机遇。

（四）社会与人口结构的变化

中国已进入老龄化社会，为老年人提供养老、医疗、陪护等服务是创业的朝阳领域（图6-2）。同时，随着我国为了改善人口结构逐步放开生育政策的落实，为婴幼儿提供看护、养育、教育等一系列的产业也将迎来发展的新机遇。

图 6-2 人口老龄化提供了新的创业机会

三、创业机会的识别与评估

（一）创业机会的识别过程

创业者选择了创业机会，接下来是组织资源着力开发这一机会，直至最终收获成功。在这一过程中，机会的潜在预期价值以及创业者的自身能力得到反复的权衡，创业者对创业机会的战略定位也越来越明确，这一过程称为创业机会的识别过程。创业机会的识别是创业领域的关键问题之一。创业机会识别过程是一个不断调整、反复均衡的过程（图 6-3）。

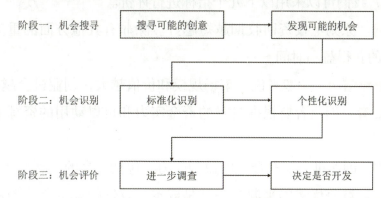

图 6-3 创业机会的识别过程

1.机会搜寻阶段

这一阶段创业者对整个经济系统中可能的创意展开搜索，如果创业者意识到某一创意可能是潜在的商业机会，具有潜在的发展价值，就将进入下一阶段的机会识别。

（1）根据创意，明确研究的目的或目标。 例如，创业者可能会认为他们的产品或服务存在一个市场，但他们不能确信：产品或服务如果以某种形式出现，谁将是顾客。这样，一个目标便是向人们询问他们如何看待该产品或服务，是否愿意购买，并了解有关人口统计的背景资料和消费者个人的态度。当然，还有其他目标，如了解有多少潜在顾客愿意购买该产品或服务，潜在的顾客愿意在哪里购买，以及预期会在哪里听说或了解该产品或服务等。

（2）从已有数据或第二手资料中收集信息。 这些信息主要来自商贸杂志、图书馆、政府机构、大学或专门的咨询机构以及互联网等。

2.机会识别阶段

识别创业机会是思考和探索互动反复，并将创意进行转变的过程。这里的机会识别是指从创意中选择合适的机会。

这一过程包括两个步骤：首先是通过对整体的市场环境以及一般的行业分析来判断该机会是否在广泛意义上属于有利的商业机会；其次是考察对于特定的创业者和投资者来说，这一机会是否有价值，也就是个性化的机会识别阶段。

3.机会评价阶段

评价是仔细审查创意并分析其是否可行的阶段，考查的内容主要是各项财务指标的预测分析、技术方案评价、市场潜力评价、创业团队和资源的酝酿等，通过机会评价，创业者决定是否正式组建企业和吸引投资。

（二）创业机会的评估指标

对于创业机会，我们可以采用以下九个指标进行评价。

（1）盈利时间。 原则上投资回收期越短越好。除非有其他方面的重大利好，一般要求创业机会具有较短的获得盈利时间。

（2）市场规模和结构。 一般来说，市场规模和价值越大，创业机会越有价值。

（3）资金需要量。 创业者要根据自身的资金实力和可以动用的资源来评价创业机会，超出能力范围的不应考虑。

（4）投资收益。 创业机会要有合理的盈利能力，包括较高的毛利率和市场增长率。

（5）成本结构。 竞争优势的来源之一就是成本，较低的成本会给创业企业带来较大的竞争优势，使得该创业机会的价值较高。

（6）进入障碍。 如果创业机会面临着进入市场的障碍，那么就不是一个好的创业机会。

（7）退出机制。 没有任何退出机制的创业企业和创业机会是没有太大吸引力的。

（8）控制程度。 如果能够对渠道、成本或者价格有较强的控制，这样的创业机会比较有价值。

（9）致命缺陷。 创业机会不应该有致命缺陷，如果有一个或多个致命的缺陷，将使得创业机会变得一文不值。

思 考 与 讨 论

（1）简述创业机会的含义。

（2）技术变化会带来哪些创业机会？

（3）简述创业机会的识别过程。

（4）简述创业机会的评估指标。

活动与训练

根据"互联网＋"的发展趋势、日趋严重的环保问题或你个人的某一爱好，探讨其潜在的创业机会。

单元二 管理创业风险

学习目标

（1）理解创业风险管理的含义。

（2）掌握创业风险管理的程序，能进行创业风险识别。

（3）掌握创业风险管理的方法，能根据实际情况，合理管理创业风险。

（4）能够发现创业活动中隐藏的各种风险，采取有效措施管理风险，确保创业成功。

导入案例

2018 年 8 月，李学从在某中职学校毕业后就走上了创业之路，因为喜欢汽车，他把目标锁定在与汽车有关的项目上。不久，一家汽车饰品店在短暂的忙碌之后诞生了。然而仅仅半年，他就鸣金收兵。

回忆那段创业的日子，李学从很是痛苦，感叹为什么付出了很多，回报却很少。

其实，创业之前，李学从是做了充分准备的。因为喜欢汽车，他就琢磨着在汽车方面找路子。他先在网上搜集了一些关于汽车消费品的创业项目，然后根据实际情况，考虑到随着人们生活水平的提高，买车的人越来越多，而爱车的人一般都比较注重车内装饰，那么，开一家汽车饰品店，生意应该不错。觉得自己的想法还是比较顺应市场发展的，李学从忙碌地开始了第二步工作。

他从网上搜索了一些经营汽车饰品的代理商，并对各家的产品质量和价位进行了比较，然后选定了一家郑州的代理商。经过联系，他和那家代理商签好了协议，交了六千元的加盟费，就开始租房子、装修、进货，脑子里满是憧憬的李学从很快就成了老板。但是现实给李学从的热情浇了一盆冷水。开张后，顾客寥寥。尽管他店里的饰品很吸引眼球，无奈汽车饰品店所处的位置比较偏，路过的车倒是不少，但也仅仅是路过，而且大部分是大货车，根本不会在这样一个地段停车，更不会来买车内饰品。

李学从每天都早早开店，很晚才打烊，商品的价位也定得很低。即便这样，开业半年，总共才卖出三千元的货。房租到期之后，李学从不敢再恋战，把剩下的货放到朋友空着的车库里，从此再不提开店的事。

思考：如何应对创业风险？

知识储备

一、创业风险管理的含义

创业风险的管理是指创业者对创业风险进行识别、衡量、分析、评价，并在此基础上有效处置风险，以最小成本实现最大安全的科学管理方法和管理过程。

创业风险是客观存在、不可避免的，但是有规律可循。创业者要主动认识风险，积极管理风险，有效控制风险，以保障创业企业的生存和良性发展。创业企业通常规模较小，其风险管理的任务主要落在创业者身上。

二、创业风险管理的程序

创业风险管理的程序一般包括风险识别、风险评估、风险管理方法的选择、实施效果的评价。

（一）风险识别

风险识别是指在风险事件发生之前，通过搜集资料和调查研究，运用各种方法对潜在的风险进行系统的分类和全面的识别。风险识别是风险管理的基础，目的是查清各种不确定因素和风险的来源，厘清各种风险之间的关系，评估各种风险事件可能带来的后果，为风险管理做好准备。

风险识别的主要内容包括识别风险存在的领域、识别引发风险的主要因素、识别风险的性质、识别风险发生的概率和识别风险可能的后果。

创业企业常用的风险识别方法有以下几种。

（1）**财务状况分析**。财务状况分析是根据企业的资产负债表、利润表、现金流量表等财务报表，对企业总体和局部的财务状况进行分析，以便从财务的角度发现企业所面临的潜在的经营上的、财务上的风险的一种分析方法。

（2）**流程图法**。流程图法是将企业的经营全过程，按其内在的逻辑关系梳理成流程图，针对流程中的关键环节和薄弱环节进行调查研究，分析其中可能存在的潜在风险，找到风险存在的原因及其可能造成的损失程度。

（3）**SWOT 分析法**。SWOT 分析法是对企业经营的内部和外部环境进行分析，明确机会与威胁、对比企业的优势及劣势，找到可能引发的风险和损失。

（二）风险评估

风险评估是在风险识别的基础上，对风险预计、度量及其后果进行估计的工作。

在风险评估阶段，可以按照风险发生的概率进行分类，进行风险概率的评估，并对风险事件带来的潜在损失的规模进行分析，从而使风险分析更加科学。

（三）风险管理方法的选择

在风险评估的基础上，为实现风险管理的目标，选择最佳的风险管理方法是风险管理的核心内容。

风险管理方法分为控制型和财务型两大类。控制型方法是以降低风险事件发生的概率和减少风险事件造成的损失为目标，重点是通过改变引发风险事件发生的各种条件，同时创造防止损失发生的各种条件。财务型方法是提供专项资金，消化发生损失的成本，实际上是对无法控制的风险进行的财务安排。

（四）实施效果的评价

风险管理的效果评价是对原有的风险管理措施的执行情况进行检查、评价和修正。通过对风险管理实施效果的评价，企业可以确保具体的风险管理方法与其目标保持一致。

三、创业风险管理的方法

创业风险管理的方法，是指通过不同的决策和措施，使创业风险造成的损失最小化。常见的创业风险管理的方法有以下几种。

（一）风险规避

风险规避是指放弃某一存在不可控制的重大风险的项目，中断风险的来源，从而避免由此风险带来的损失。

风险规避通常在两种情况下采用：一是特定风险的概率高、造成的损失大，超过企业的承受能力；二是处理风险的成本超过事件带来的预期收益。

（二）风险预防

风险预防是指在风险事件发生之前，为了降低风险事件发生的概率和控制风险事件带来的损失程度，采取各种措施以消除或减少可能引发风险的各种因素。

（三）风险抑制

风险抑制是在风险发生时和发生后，为减小损失程度而采取的各种措施。风险抑制是一种特殊形态的隔离，将风险单位隔离成独立的小单位达到减小损失程度的目的。

（四）风险转嫁

风险转嫁是指为了避免承担风险带来的损失，利用合法的交易方式和业务手段，有意识地将风险全部或部分转嫁给他人的一种风险管理方式。

转嫁风险的方式主要有以下两类。

（1）**保险转嫁，**是指向保险公司缴纳保费，同时将风险全部或部分转嫁给保险公司。

（2）**非保险转嫁，**主要是合同转嫁。合同转嫁是指将具有风险的生产经营活动外包，并在合同中规定对方承担风险损失，如通过承包合同将研发外包给合作单位，通过合同将产品的生产外包给厂家等。

（五）风险自留

风险自留是企业对风险的自我承担。风险自留有主动自留和被动自留两种情况。

（1）**主动自留，**是指在风险事件发生的概率较小且所造成的损失不大的情况下，企业主动将风险承担下来。

（2）**被动自留，**是指在风险无法回避、无法排除、无法转嫁的情况下，企业只能采取自留的方式。

风险管理应尽可能规避并排除风险，对不能规避或排除的风险尽量转嫁给第三方，不能转嫁的或损失较小的风险可以采取自留的方式。对创业企业而言，究竟哪种风险管理方式更合理，需要根据风险评估的结果和具体环境进行判断选择。对损失较小的风险可以采取自留方式处理；对发生概率大、损失高的风险可以采取转嫁方式处理；对项目选择风险、人力资源风险、市场风险、财务风险、环境风险等可以采取预防和抑制的方法处理。

思 考 与 讨 论

（1）什么是创业风险管理？

（2）简述创业风险管理程序。

（3）简述创业风险管理的办法。

活 动 与 训 练

在单元一中，同学们已经选择了创业机会，下面请大家分析其中潜藏的风险，并制定针对性的创业风险管理办法。

单元三　获取创业资源

学习目标

（1）理解创业资源的内涵。

（2）了解创业资源的类型。

（3）掌握创业资源的获取途径。

（4）掌握不同类型创业资源的开发与利用。

（5）能够积极主动地寻求支持，通过各种渠道获得创业必需的各种资源，保证创业能够顺利开展，并获得成功。

导入案例

史伟灵以优异的成绩完成了在某中职学校的求学生活，带着满身的技艺走出校门，开始了创业的第一步。他首先应聘于当地一家酒店，很快成为主厨。在工作过程中，史伟灵始终没有放弃学习，边实践边学习，把在学校所学的理论与酒店的工作实际结合起来，经常向老师求教，不断推陈出新，既锻炼了自己，又为酒店赢得了良好的口碑。

在工作之余，常常有一个问题困扰着史伟灵：能不能拥有一个属于自己的酒店，能不能拥有一个任由自己发挥的天地呢？

创办一家属于自己的酒店，尽情发挥自己的专业技能特长，充分施展自己的青春才华！一个大胆的设想就这样在史伟灵的头脑里形成。带着对创业的美好憧憬，带着对事业的执着追求，史伟灵走上了一条虽然艰辛却充满希望的创业之路。

对于一个涉世未深、血气方刚的青年来说，开创一番事业，谈何容易。资金哪里来？场地怎么解决？营业执照如何办理？所有这些，都是非常实际的、需要马上解决的问题。没有资金，向亲戚、朋友挨家挨户去借；没有场地，就推着自行车顶着烈日满大街去找；有关证照，一趟一趟地去跑，一家一家地去办。终于，经过一段时间的奔波，资金到位了，场地落实了，证照齐全了，一家属于自己的小炒店正式开业了。史伟灵在创业的路上迈出了艰难的第一步。

小炒店开张以后，史伟灵就牢记把服务放在第一位。"以诚待人，以礼待人"为他的小炒店带来了红火的生意。店虽不大，但声名远扬，生意也越来越红火。善于思考的史伟灵发现，市区做小炒的店越来越多，但各家特色不明显，就连店名也仅仅停留在"××小炒"上，更不用说什么品牌了。规模小、特色少、无品牌已明显制约着自己小炒店的发展。虽然小炒店的生意暂时还是不错的，但在竞争十分激烈的餐饮行业已无任何优势可言了。

开大酒店，史伟灵不是没想过，但目前资金不足，加之缺乏场地，成不了规模，不现实。难道就这样放弃发展、安于现状了吗？不行！史伟灵更加坚定了改变经营思路的想法。于是他把目光又投向发展特色经营上来了。史伟灵最终选择推出"特色火锅"，在"特色"上大下功夫。史伟灵开始了第二次创业。为了筹措更多的资金，史伟灵不得不忍痛割爱，转让了生意红火的小炒店。

有了开小炒店的创业经历，史伟灵在店名的选择上十分注重品牌效应。经过多方求教、策划，他把店名定为"肥猫火锅城"。由于其新鲜、富有创意，更由于其周到的服务、绝佳的口味和经济实惠的价格，一开张就生意红火，声名大噪，市民争相品味，外地客人慕名前往，成了当地无人不知的"金字招牌"。这一点就连史伟灵自己也始料未及，原先设计规划的面积已远远满足不了日益增多的客源要求。史伟灵抓住了这一难得的商机，在市区相继开设了"肥猫"第二、第三家连锁店，走规模化经营之路，把"肥猫"做大做强。

思考：面对创业过程中遇到的各种困难，史伟灵是如何解决的？

知识储备

一、创业资源的内涵

创业资源是指初创企业在创造价值的过程中所需要的特定资源的总称。

广义上，创业资源可界定为：能够支持创业者进行创业活动的一切东西。它既包括可见的物质资源，如厂房、机器设备、资金等，也包括不可见的无形资源，如创业战略、创业方案、知识、技术、创业团队等；既包括创业者实际拥有的资源，也包括创业者可间接获取的资源，如广泛的社会关系等。总而言之，广义上的创业资源是涵盖使创业者创业活动顺利进行的一切支持性资源，包括有形与无形的资产。

狭义上，创业资源是指促使创业者启动创业活动的关键优势资源。关键优势资源是指建立企业赢利模式的业务系统所必需的和重要的资源与能力，如麦当劳的标准化资源与能力、华为的创新资源与能力、沃尔玛的低成本战略资源与能力。

从资源的角度看，创业者是否具备业务系统所需的关键优势资源能力是其能否成功创业的核心问题。创业者对创业资源管理的原则是：必要资源要齐备适量，关键优势资源要富集并不断追求。

二、创业资源的分类

（一）按其来源分类

创业资源按其来源可以分为自有资源和外部资源两类。

（1）**自有资源**，是指创业者或创业团队自身所拥有的可用于创业的资源，如自有资金、技术、创业机会信息等。

（2）**外部资源**，是指创业者从外部获取的各种资源，包括从朋友、亲戚、商务伙伴或其他投资者筹集到的投资资金、经营空间、设备或其他原材料等。

（二）按其存在形态分类

创业资源按其存在形态可以分为有形资源和无形资源两类。

（1）**有形资源**，是指具有物质形态的、价值可用货币度量的资源，如组织赖以存在的自然资源及建筑物、机器设备、产品、资金等。

（2）**无形资源**，是指具有非物质形态的、价值难以用货币精确度量的资源，如信息资源、人力资源、政策资源，以及企业的信誉、形象等。

（三）按其性质分类

创业资源按其性质分类可以分为以下六类。

（1）**人力资源**。它包括创业者与创业团队的知识、训练、经验，也包括组织及其成员的专业智慧、判断力、视野、愿景，甚至是创业者、创业团队的人际关系网络。创业者是初创企业中最重要的人力资源之一。

（2）**社会资源**。它主要指由于人际和社会关系网络而形成的资源。社会资源能使创业者有机会接触到大量的外部资源，有助于透过网络关系降低潜在的风险，加强合作者之间的信任和声誉。开发社会资源是创业者的重要使命。

（3）**财务资源**。它包括资金、资产、股票等。对创业者来说，财务资源主要来自个人、家庭成员和朋友。

（4）**物质资源**。它是指创业和经营活动所需要的有形资产，如厂房、土地、设备等。

（5）**技术资源**。它包括关键技术、制造流程、作业系统、专用生产设备等。

（6）**组织资源**。它包括组织结构、作业流程、工作规范、质量系统。一般来说，人力资源需要在组织资源的支持下才能更好地发挥作用，企业文化也需要在良好的组织环境中培养。

三、创业资源的获取与开发

（一）创业资源的获取途径

创业资源的获取途径，可分为外部获取和内部开发两种方式。

1.外部获取途径

外部获取按获取方式可分为交易换取与合作换取。

交易换取是指通过交易形式，以企业自身所拥有的资金或实物的代价来换取企业所需资源的方式。交易换取按交易占用资金或实物的形式，又可分为购买、租借和交换等方式。

合作换取是指通过合作方式，以双方或多方的共同投入来换取分享未来利益的权利的方式。

合作换取相对交易换取更少占用初创企业宝贵的资金资源，有利于降低经营风险，是企业整合外部资源能力的表现，应当优先使用。

2.内部开发途径

初创企业资源匮乏，大部分的非核心资源，如资金资源，应当从外部获取，而少部分核心资源，则需掌握在企业自己手里，而且这部分资源储备不易在企业外部获得，应当优先在企业内部开发获取。

内部开发存在开发难度大、速度慢的缺点，但内部资源一旦开发获得，就不易发生转移，不易被模仿抄袭，容易形成企业核心竞争力的基础。

（二）创业资源的开发与利用

初创企业资源极其有限，要竭尽所能，充分挖掘资源的最大使用价值。要想产生最佳效益，就要对有限资源进行创造性地使用、有策略地推进，使其被综合、集成与激活，从而被企业充分利用。

1.不同类型资源的开发

创业资源总体上可分为显性资源和隐性资源两种。两种资源性质不同，有效配置使用的开发路径也有所不同。

（1）**显性资源的开发**。显性资源是企业所获取的人、财、物，其中人是关键，可采用以下的开发路径。

①变人为财。初创企业，财与物都很匮乏，唯一的资源就是创业者自身，所以创业者就是唯一可被开发的资源。要充分挖掘创业者自身的潜力，激发出人的潜能，通过创业者的智力和体力劳动，实现原始积累。

②变财为人。人、财、物三者之间可以互相转化，其中人是关键。不要太看重钱财和实物，而看轻人才。对物的投资要从紧，对人的投资要不吝啬。人才的努力可极大地弥补实物的不足，收获更好的效果。

③变废为宝。创业初期，企业所能获得的实物资源往往不是所谓的优质资源，但实物资源是否有价值不是绝对的，看似劣质的资源，在有的人手里，也可以"变废为宝"。

（2）隐性资源的开发。隐性资源是看不见但实际起作用的社会、信息与政策资源，可有以下开发路径。

①化无为有。隐性资源具有无形性，创业开发隐性资源就需要化虚无为有形，化无序为有序。例如，开发社会资源中最重要的客户资源，明确了客户在哪里，获取了客户名单，下一步开发客户资源就需要去接触客户，建立关系，进而获得订单，化无形为有形。

②化私为公。隐性资源具有私有性，即隐性资源总是与人分不开的，为某些私人所掌握。因此，要化私人的资源为公司的资源。例如，客户资源常掌握在销售员手上，随着销售员的跳槽，客户往往也被带走，所以企业要特别重视运用各种手段，将私人的客户变为公司的客户，留住资源。

③化分为秒。隐性资源具有时效性，即隐性资源代表着时机，有一定的时间期限，过了这个时间期限，资源或是被他人获取开发，或是已无开发价值。因此，对待隐性资源，要争分夺秒，关键时刻，哪怕抢先一秒，也可获得先机，赢得机会。

2.有限资源的创造性利用

（1）借鸡下蛋。创业者往往是通过各种方式方法，从他人那里获得资源，从而解决创业所需要的一些资源难题。例如，场地资源问题，有些创业者在自己父母的车库里开始创业；还有很多创业者获得政府或社会企业赞助的免场租的场地，得以开始创业。

（2）东拼西凑。在草创阶段，创业者所需资源可以东拼西凑，可能每个渠道所获得的资源不多，但可以积少成多。例如，创业初期的资金问题，往往是创业团队成员东拼西凑出来的，不足部分还要向各种社会关系筹借。

（3）借船出海。创业者创业初期十分弱小，如果能借助一个较好的平台，借船出海，起点就会高很多，创业成功也会容易很多。例如，创业者可以借助大的营销平台，来更快更好地做大生意，还可借助一个区域的行业扎堆效应，分享丰富的供应商资源和高涨的客户人气。

（4）以小博大。创业者资源有限，要想方设法达到以小博大、四两拨千斤的效果，要用自己少量的资源，撬动大得多的外部资源为我所用。例如，创业企业通过融资租赁设备或按次购买服务，可以花很少的钱无风险地撬动本来很贵的资源，为我所用。

（5）**合纵**。创业者创造性地使用资源的最高境界是合纵，串起各种资源，构建一张战略协作、生态共生的大网。最理想的企业是：企业成为一个平台，建成模式可以复制，使之成为无数创业者乃至客户实现价值的舞台，创业者与客户共同建设平台，共同从平台获益。

思考与讨论

（1）什么是创业资源？

（2）创业资源按性质分为哪几类？

（3）创业资源的获取途径有哪些？

（4）如何开发隐性创业资源？

活动与训练

在单元一中，大家已经选择了创业机会，下面请大家分析：如果根据这一机会进行创业，自己需要投入哪些资源？如何获取这些资源？

单元四　编制创业计划书

学习目标

（1）理解创业计划书的含义。

（2）了解创业计划书的内容。

（3）了解创业计划书的类型。

（4）掌握创业计划书的写作要求。

（5）能够清晰准确地撰写创业计划书，说明创业规划，争取外部对创业的支持，获得必需的创业资源。

导入案例

一、背景介绍

旨在建立一个专门面向本地年轻人的技能交换网站——"换享"家园，提供多样、可靠的交换信息，为更多需要充实自己的年轻人提供便利。待项目成熟后，可推广至其他交换领域（如闲置物的实体交换等），让低碳成为一种时尚。

二、项目介绍及服务描述

（一）项目规划

（1）基础价值：方便人们获得自己想要的技能，节省财力、人力、物力。便捷，高效，灵活机动。

（2）商业价值：把广告与网站的建设相结合，在个人主页设立集资以及拥有会员制度。用各种优惠的措施吸引人们注册投资我们的网站。

（3）潜在价值：在交换技能的过程中也逐渐发展闲置物交换、旧书漂流等项目。

（二）项目理念

本着服务的理念，把公益与商业化的网站结合。在技能交换的过程中不收取任何费用，只是在网站上可以开放个人的主页，可为现在的年轻一族节省大笔的费用。而且在项目的前期，我们会安排好地点等事宜；当项目做大以后，我们也会认真安排确认各种信息保证交换者的安全。

（三）其他项目服务

当本项目发展成熟之后，我们会发展成比较综合的以技能交换为主营业务的交换网站，包括旧物置换、图书漂流、个人交换信息的发布等。以公益性为主要目的，以广告为辅，为各类项目分类。

三、市场调查与分析

（一）市场前景

伴随着市场经济的发展以及人才需求类型的变化，各种求职者或在职者都在寻求不断增值自己的方法。"技能交换"由此有了客观存在的市场需求，提供综合服务的"技能交换网"市场前景良好。毋庸置疑，所谓相对于价格不菲的传统职业培训，技能交换显得更简便易行和省钱，这种草根自助培训形式正在不断壮大，必将掀起一股"交换"风潮。

所谓"技能交换"，就是用自己掌握的技能交换别人掌握的技能，各取所需，同时节省了高昂的培训费。相信很多人都希望通过这种经济实惠的方式来学习和掌握更多的技能，因此"技能交换"近乎免费的学习方式必定可以满足大众的消费需求。人们亦可以选择多种途径达到交换学习的目的。

"技能交换网"作为其中较便捷、较经济的方式，相信能够在迅速占据市场份额以及不断发展壮大的过程中展现以下特色。

（1）以技能交换达到互相学习的目的，吸引广大用户群。

（2）吸引有分量的"技客"加盟，技术性和专业性加强。

（3）大力发展"技客联盟"，走"技客"包装、推广的路子，成为别具一格的人才网。

（4）吸纳会员，对会员实行评分制，以增强会员的技术熟练度、信誉度和诚实度，为网友寻找技能交换对象提供选择的参考标准。

参考以上良好的市场前景，我们的"换享"家园技能交换网站的设立充分迎合了市场的需要，而且以年轻人群体作为前导，将在最易接受新鲜事物的群体中打开市场，逐渐建立一个完善的网络交换体系，积累足够的经验，然后尝试将市场延伸到其他年龄段或各个领域。

（二）安全策略分析

由于网络本身固有的缺陷，在网上进行"技能交换"或多或少也存在安全隐患。为了避免可能出现的问题，我们进行了以下分析。

（1）技能交换，大多数需要见面交换学习。在没有见面以前，网站可以作为中间人通过电话或网络联系客户，借助高校相关组织核实双方身份。

（2）在交换开始前，了解双方想交换的东西，初步判断是否确是对方想要获得的技能，双方的水平是否符合标准要求。

（3）在确定交换关系后，双方可在网站上签订一份交换合约，以保障双方利益。

（4）交换双方可以选择由网站安排交换双方见面或双方自行商定地点，以防发生意外。

（5）在交换开始后，除非必要，尽量不要到对方家里或者住宿的地方，可以避免一些不必要的麻烦。

（6）技能交换就是各取所需，以诚相待。

思考：这是一份简略的创业计划书，请对它进行评价。

知识储备

一、创业计划书的含义

创业计划书是指创业者在创业初期所编写的企业创立与运营的整体规划方案。企业初创时期，创业的风险较大，一般很难获得商业贷款或创业基金，创业者需编写创业计划书，用于说服别人，规范自己。

创业计划书要描述创办一个企业时所有相关的外部及内部要素，包括商业前景的展望，人员、资金、物质等各种资源的整合，以及经营思想、战略的确定等，是为创业项目制定的一份完整、具体、深入的行动指南。

二、创业计划书的内容

创业计划的内容主要包括以下七项。

（1）**总体叙述**。将自己的创业构想简明扼要地用文字形式表达出来。总体叙述一般包括创业构想、获利预测和风险评估等内容。

（2）**组织机构**。创业计划要说明企业的组织机构设置、职能范围以及完成这些职能的人员必须具备的条件和素质。合适的组织系统图和详细的职位说明书是组织机构的核心内容。组织机构设置不合理、职能范围不确定、人员素质和条件不达标是企业发展的重要障碍。

（3）**产品内容**。初步确定了创业目标，实际上也就确定了创业的产品或服务的内容。创业计划应明确创业产品或服务项目的名称，直接成本及各种费用、税金、固定资产折旧等成本，生产制造或服务的有利条件和保证措施等。产品计划是创业计划的重要内容之一，它是创业者在深入进行市场调查和分析比较论证的基础上确定企业向市场提供产品的实施方案，主要内容有产品的名称、产品的价格、产品的销售方式和销售附加条件（如服务合同、维修合同、使用说明、安装服务等）。产品计划应当明确与产品有关的决策，包括如何实现目标，有无替代性产品，以及与附属产品、附加产品和外围产品有关的决策。

（4）**市场预测**。产品或服务内容的市场情况将决定未来企业的生产经营状况。在创业计划中要说明创业产品或服务内容的市场需求情况，销售或服务的地区，销售或服务的方式，产品或服务的价格定位，成长性、利润率情况以及产品或服务的市场竞争情况等。

（5）**生产规划**。对已确定的产品在生产过程中对厂房、设备、人员、技术、资金以及生产活动所需要的支持等方面的要求进行设计。要根据生产的规划制订详细的生产计划。生产计划主要描述生产的设备要求、厂房要求、人力资源要求、技术要求、进度要求、原材料要求、质量要求等方面的问题，也就是说生产计划主要是解决如何进行生产、如何保证产品质量的问题。生产计划可以分阶段制订，如起步阶段、正常经营阶段、快速发展阶段等。在各阶段，企业生产能力的提高应与产品需求的增长保持一致。

（6）**工作进度**。创业计划要注明创建工作的时间进度安排，应详细说明工作内容、工作要求、执行时间、执行负责人等内容。最好是拟订一份创建工作进度安排表。创建工作进度安排表包括做好市场调查、确定创业的产品或服务的内容、进行产品和服务的设计及包装、选择厂址厂房、购置生产设备、招聘员工、制作广告及促销方案、领取营业执照、银行开户、税务登记、开业典礼等内容。执行时间可以交叉安排。

（7）**财务预算**。创业计划要说明创业工作需要的财务总预算，要分项列出建设厂房的总造价、生产设备的总投资、为创办企业应缴的各种费用、创业产品的原材料价格、生产工人和管理人员的工资、生产流动资金等。

三、创业计划书的类型

以结构和篇幅来划分，可以将创业计划书分成两大类。

（一）简式创业计划书

简式创业计划书是一种比较简明、短小的计划书，它包括企业的重要信息、发展方向，以及少量重要的辅助性材料。简式创业计划书内容通常为 10～15 页。

（二）详细创业计划书

详细创业计划书的内容一般有 30～40 页，并附有 10～20 页的辅助文件。在这样的计划书中，创业者能够将整个创业思想作一个比较全面的阐述，尤其能够对计划中的关键部分进行较详细的论述。

四、创业计划书的写作要求

创业计划书没有固定格式，下面以一种比较常见的创业计划书为例来进行介绍。

（一）创业计划书框架

（1）封面和标题页。

（2）目的陈述或执行纲要。

（3）目录。

（4）第一部分"企业基本情况"，包括企业概述、产品/服务、市场与竞争、销售与促销、组织机构与管理。

（5）第二部分"财务"，包括融资方案与资金退出、资本设备目录、资产负债表、收支平衡分析、预期损益表、现金流量计划、内部收益率及敏感性分析。

（6）第三部分"风险分析"。

（7）第四部分"附件"，包括个人简历、推荐信、意向书、租赁契约、合同、法律文件，以及其他与计划有关的文件。

（二）内容简要说明

（1）封面和标题页。有很多创业计划书没有提供任何必要的联系信息（如企业的联系电话或地址）就送出去了。尽管企划者可能以另外的途径传递了这些必要的信息，但这样的创业计划书一般是不合格的。创业计划书的封面一定要明确写出寻求资助的企业名称、地址、电话以及该计划通过的日期。这一日期应该能够说明该计划书是基于公司对自己的地位和筹资需求的最新考虑作出的。

标题页紧随封面之后，应该再次写明企业的名称和地址，同时还应该写明联系人（一般是企业负责人）的姓名、地址和电话号码，这个人很可能是风险投资商第一个要接触的人。在安排正式面谈之前，任何读了这一创业计划书的人都有可能就某一方面的问题与企业的主管人员交谈。在计划书上方一角，应注明复印件号码及保密级别字样，并在封面或标题页下方注明保密声明。

（2）目录。包括按一定次序排列的各部分内容的名称及其页码。很多企业的创业计划书只是一些内容的简单堆砌和罗列，既没有逻辑关系，又没有必然联系，这种计划书很难达到融资目的。

（3）执行纲要。这部分是计划书的核心内容之一，它对计划书的编写以及计划书的最终效力都起着重要的作用。

（4）企业基本情况。

①企业概述。创业计划必须提供企业的基本信息：历史和现状，并应该回答企业未来的战略是什么，其目的和实现这些目标的途径又是什么。

②产品／服务。在这部分，应该描述企业的产品或服务，以及它们的特殊性。产品或服务的构成是什么，价格如何；哪些服务是企业能够提供的，哪些是不能提供的。

③市场与竞争。市场的内容包括企业的行业分析、市场细分、目标市场的选择等，竞争的内容是指对企业竞争环境、竞争对手的分析。

④销售与促销。包括企业的销售策略、销售组合和促销手段等，是编写创业计划书时难度较大的部分。

⑤组织机构与管理。这一部分重点介绍企业的组织机构、管理方式以及主要管理人员。根据对创业企业失败的因素的调查研究，大部分企业失败的原因是管理上有缺陷。事实上，风险投资商更关注企业的管理，投资行为其实是花钱买管理的过程。

（5）财务分析。这一部分主要包括企业若干年内（一般是 5 年）的财务预测以及相应的财务指标。

（6）风险分析。提出企业未来可能遇到的风险以及避免和控制这些风险的手段和措施。

（7）附件。包括撰写者个人简历、推荐信、意向书、租赁契约、合同、法律文件以及其他与计划有关的文件。

思 考 与 讨 论

（1）简述创业计划书的含义。

（2）简述创业计划书的主要内容。

活动与训练

针对自己选择的创业机会，根据梳理的创业风险和可能获取的创业资源，编写创业计划书。

模块七

创业企业创办与管理

模块导读

　　创建新企业需要什么条件，以及什么时间成立比较适宜，都是创业者普遍关心的问题。创业者具有一定的创业能力和素质，具有创业精神和成为创业者的强烈动机等。具备了这些条件，就可以开始创建一家新的企业了。

　　企业作为有机的生命体，在不同的发展阶段具有不同的特征，会遇到不同的问题，必须采用相应的管理模式和解决方案。初创企业管理具有特殊性，其管理方式同成熟企业也有一定的区别。

知识导图

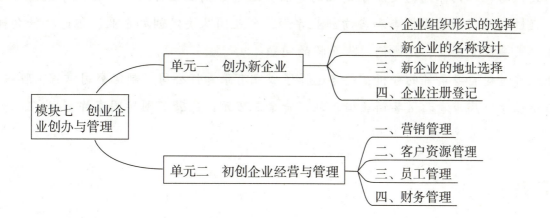

单元一　创办新企业

学习目标

（1）了解常见企业组织形式的优势和劣势。

（2）掌握新企业名称的设计要点。

（3）了解不同类型企业的选址要求。

（4）了解企业注册登记的主要要求。

（5）能够独立进行创业企业的创办，选择合适的企业组织形式，确定企业名称和地址，完成注册登记，为实现人生理想迈出坚定的一步。

导入案例

汤文广在中职学校毕业后进入一家汽车维修企业工作，他努力钻研，认真工作，迅速掌握了汽车维修和改装技能。他还参加了成人高考，自学了经营管理等方面的知识。

汤文广与几位同学沟通交流了创业的想法并选择了创业项目后，三位同学愿意和他共同创业。经过对市场的前期调查和咨询创业导师，创业团队决定创办企业，但选择什么样的法律组织形式来成立企业，是他们团队面临的问题。

团队经过对自身条件的分析，最终选择了成立有限责任公司，制定公司章程，股东三人，注册地址位于重庆市渝北区某商业街，注册资金三万元，经营范围按国家许可规定。

思考：创业企业组织形式应考虑哪些因素？

知识储备

一、企业组织形式的选择

企业是指依法设立的、以营利为目的、从事商品的生产经营和服务活动的独立核算经济组织。

在创建新企业前，创业者应该事先确定企业的法律组织形式。目前，我国企业主要有三种基本的组织形式：个人独资企业、合伙企业和公司制企业。创业者在创建企业时，可以依据不同组织形式的要求建立不同组织形式的企业（图7-1）。创业者可以个人独立创办个人独资企业，也可以由创业团队一起创办合伙企业，或者成立有限责任公司或股份有限公司。企业的各种法律组织形式没有绝对的优劣之分，对创业者来说各有利弊，但无论选择哪种形式，都必须根据国家法律法规要求和初创企业的实际情况，科学衡量各种组织形式的利弊。

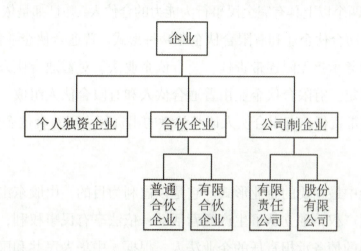

图7-1 企业组织形式

（一）个人独资企业

个人独资企业是指依法设立，由一个自然人投资并承担无限连带责任，财产为投资者个人所有的经营实体。当个人独资企业财产不足以清偿债务时，选择这种企业形式的创业者须依法以其个人其他财产予以清偿。在各类企业当中，个人独资企业的创立条件最为简单。

《中华人民共和国个人独资企业法》（以下简称《个人独资企业法》）第八条规定："设立个人独资企业应当具备下列条件：（一）投资人为一个自然人；（二）有合法的企业名称；（三）有投资人申报的出资；（四）有固定的生产经营场所和必要的生产经营条件；（五）有必要的从业人员。"

《个人独资企业法》第十条规定："个人独资企业设立申请书应当载明下列事项：（一）企业的名称和住所；（二）投资人的姓名和居所；（三）投资人的出资额和出资方式；（四）经营范围。"

（二）合伙企业

合伙企业是指依法设立的，由两个或两个以上合伙人订立合伙协议，共同出资、合伙经营、共享收益、共担风险，并且对合伙企业债务承担无限连带责任的营利性组织。《中华人民共和国合伙企业法》（以下简称《合伙企业法》）第四条规定："合伙协议依法由全体合伙人协商一致、以书面形式订立。"

根据《合伙企业法》第十八条，合伙协议应当载明下列事项：合伙企业的名称和主要经营场所的地点；合伙目的和合伙经营范围；合伙人的姓名或者名称、住所；合伙人的出资方式、数额和缴付期限；利润分配、亏损分担方式；合伙事务的执行；入伙与退伙；争议解决办法；合伙企业的解散与清算；违约责任。

合伙企业必须有两个以上具有完全民事行为能力的合伙人，并且都是依法承担无限责任者。

合伙企业包括普通合伙企业和有限合伙企业两种形式。普通合伙企业由普通合伙人组成，合伙人对合伙企业债务承担无限连带责任。《合伙企业法》对普通合伙人承担责任的形式有特别规定的，从其规定。有限合伙企业由普通合伙人和有限合伙人组成，普通合伙人对合伙企业债务承担无限连带责任，有限合伙人以其认缴的出资额为限对合伙企业债务承担责任。

（三）公司制企业

公司是现代社会中最主要的企业形式。它是以盈利为目的，由股东出资形成，拥有独立的财产，享有法人财产权，独立从事生产经营活动，依法享有民事权利，承担民事责任，并以其全部财产对公司的债务承担责任的企业法人。根据《中华人民共和国公司法》（以下简称《公司法》），公司的两种主要形式为有限责任公司和股份有限公司。

（1）有限责任公司又称为有限公司，是由符合法律规定的股东出资组建，股东以其出资额为限对公司承担责任，公司以其全部资产对公司的债务承担责任。

（2）股份有限公司又称为股份公司，其注册资本由等额股份构成，股东通过发行股票筹集资本。我国《公司法》规定，股份有限公司是指其全部资本分为等额股份，股东以其所持股份为限对公司承担责任，公司以其全部资产对公司的债务承担责任。

下面就个人独资企业、合伙企业、有限责任公司、一人公司和股份有限公司对于创业者优劣势进行比较，如表7-1所示。

表 7-1　企业组织形式对于创业者的优劣势比较

企业组织形式	优势	劣势
个人独资企业	（1）企业设立手续非常简便，费用低。 （2）所有者拥有企业控制权。 （3）可以迅速对市场变化作出反应。 （4）只需缴纳个人所得税，而无须双重课税。 （5）在技术和经营方面易于保密	（1）创业者承担无限连带责任。 （2）企业成功依赖创业者个人能力。 （3）筹资困难。 （4）企业随着创业者退出而消亡，寿命有限。 （5）创业者投资的流动性低

企业组织形式	优势	劣势
合伙企业	（1）创办较简单，费用低。 （2）经营上比较灵活。 （3）企业拥有更多人的技术和能力。 （4）资金来源较广，信用度较高	（1）合伙创业人承担无限连带责任。 （2）企业绩效依赖合伙人的能力，企业规模受限。 （3）企业往往因关键合伙人死亡或退出而解散。 （4）合伙人的投资流动性低，产权转让困难
有限责任公司	（1）创业股东只承担有限责任，风险小。 （2）公司具有独立寿命，易于存续。 （3）可以吸纳多个投资人，促进资本集中。 （4）多元化产权结构有利于决策科学化	（1）创立的程序相对复杂。 （2）存在双重纳税，税收较重。 （3）不能公开发行股票，筹集资金的规模受限。 （4）产权不能充分流动，资产运作受限
一人公司	（1）设立比较便捷，管理成本比较低。 （2）鼓励个人创业以及技术型企业。 （3）风险承担责任小，经营机制灵活	（1）缺乏信用体系，筹资能力受限。 （2）财务审计条件严格，运营较难
股份有限公司	（1）创业股东只承担有限责任，风险小。 （2）筹资能力强。 （3）公司具有独立寿命，易于存续。 （4）职业经理人进行管理，管理水平较高。 （5）产权可以以股票形式充分流动	（1）创立的程序复杂。 （2）存在双重纳税，税收负担较重。 （3）股份有限公司要定期报告公司的财务状况、公开自己的财务数据，不便于严格保密。 （4）政府限制较多，法规的要求比较严格

二、新企业的名称设计

企业命名是企业文化、市场战略的识别系统，也是企业经营的重要形象设计。新企业的创建，需要一个代表承载企业理想的名称与之共同成长。

（一）企业命名原则

新企业的名称要有高度的概括力和强烈的吸引力，做到"名正言顺"。所谓"名正"，是指企业的名称首先要合法，到市场监管部门申请注册。"言顺"是指企业名称要顺口、响亮，从传播的角度来看尽可能朗朗上口。具体来说，企业的命名要注意以下原则。

（1）**应符合企业理念、服务宗旨**，这样有助于企业形象的塑造。

（2）**应简短明快。名称字数少、笔画少，**易于和消费者进行信息交流，便于消费者记忆，同时还能引起大众的联想，寓意更加丰富。

（3）**应具备自己的独特性。**具有个性的企业名称可避免与其他企业名称雷同，以防大众记忆混淆，并可加深大众对企业的印象。

（4）**应具有冲击力和气魄，**给人以震撼。

（5）**企业名称要响亮，**易于上口，易于记忆和传播。

（6）**企业名称要符合区域文化，**富有吉祥色彩。

（二）企业命名规则

根据《企业名称登记管理规定》，企业命名应注意以下事项。

（1）**企业只能登记一个企业名称。**

（2）**企业名称应当使用规范汉字。**

（3）**企业名称由行政区划名称、字号、行业或者经营特点、组织形式组成。**企业名称中的行政区划名称应当是企业所在地的县级以上地方行政区划名称。

（4）**企业名称中的字号应当由两个以上汉字组成。**

（5）**县级以上地方行政区划名称、行业或者经营特点不得作为字号，另有含义的除外。**

（6）**企业应当根据其组织结构或者责任形式，依法在企业名称中标明组织形式。**

（7）**企业名称不得有下列情形：**损害国家尊严或者利益；损害社会公共利益或者妨碍社会公共秩序；使用或者变相使用政党、党政军机关、群团组织名称及其简称、特定称谓和部队番号；使用外国国家（地区）、国际组织名称及其通用简称、特定称谓；含有淫秽、色情、赌博、迷信、恐怖、暴力的内容；含有民族、种族、宗教、性别歧视的内容；违背公序良俗或者可能有其他不良影响；可能使公众受骗或者产生误解；法律、行政法规以及国家规定禁止的其他情形。

三、新企业的地址选择

（一）生产型企业选址

生产型企业选择的地址交通要方便，以便于产品对外运出，生产用电要能满足，生产用水要有保证。除此之外，企业选址应尽量靠近原料基地和劳动力资源。此外，恰当的选址还应考虑当地税收优惠政策等因素。

（二）商业型企业选址

商业型企业经营地点的选择与商业圈有着密切的关系。一般一个城市内有若干个商业圈，每个商业圈有一定的辐射范围。处于商业圈内的企业相对经营情况良好，而处于商业圈之外的则经营情况一般。因此，商业型企业选址建议最好选择商圈核心地带，便于企业的宣传和与客户的接触。但是，商圈内店铺的房价或租金相对较贵，会对初创企业的经营支出构成压力。所以，在初创企业资金有限的情况下，可以选择租柜台、联合经营、委托代销等方式开展业务；也可以在商圈边缘客流量较大的地方进行选址，但是要在商圈内部进行广泛宣传，以吸引客户。

（三）服务型企业选址

服务型企业包括门类很多，每种类型的企业经营特点不一样，所以选址方式也不一样。但有一点是相同的，即必须有客流量。如果服务对象是针对居民的，则要在居民区附近选址；服务对象是针对学生的，则要在学校附近选址；服务对象是针对社团机关的，则要在机关附近选址。

此外，全国大部分城市都建有各类型的企业孵化器，为不同类型的中小企业和初创企业提供减免租金的办公空间，同时为其发展提供支持性服务（如财务方面、管理方面、技术方面和经营方面等）。公众、传媒和金融界也为企业孵化器中的企业提供很多支持，还可以享有税收优惠政策。企业的集聚效应营造出良好的创业氛围，使多个初创企业在同一屋檐下共同奋斗，较低的租金和共享现场服务增加了创业成功的机会。因此，企业孵化器也是初创企业选址的一个很好的选择。

四、企业注册登记

随着"五证合一"改革的推行，现在开设企业的流程相比过去简化了许多。新企业设立流程从工商注册到正式运营简化为办理"五证合一"→刻章→银行开户→税务登记。

（一）"五证合一"注册登记

2016 年 10 月 1 日起，"五证合一"在全国全面正式实施。"五证合一"是指营业执照、税务登记证、组织机构代码证、社会保险登记证、统计登记证合并为一个加载有统一社会信用代码的营业执照，实现"一照一码"的最终目的。其中，"一照"即"五证"合为一张营业执照；"一码"即营业执照上加载的由市场监管部门直接核发的统一社会信用代码。"五证合一"办理流程如图 7-2 所示。

"五证合一"减少了创业者在不同部门来回奔走审核资料的烦琐，可以直接前往办证大厅的多证合一受理窗口进行办理。当然，"五证合一"同样需要创业者进行企业名称预先核准，填写《新设企业五证合一登记申请表》，审核企业相关材料。

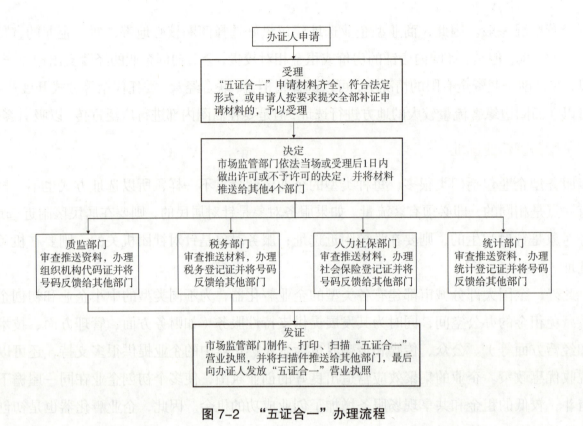

图 7-2　"五证合一"办理流程

1.企业名称预先核准

首先,需要进行企业核名操作。核名时首先要选择企业类型,然后准备最多5个企业名称,到市场监管部门领取《企业名称预先核准申请书》,在其中填写准备申请的企业名称、注册资本、企业类型、住所所在地、委托代理人等信息,由市场监管部门上网检索是否有重名,如果没有重名,便会核发《企业名称预先核准通知书》。

2.审核领证

办证人通过网报系统填写《新设企业五证合一登记申请表》,然后持申请审核通过后打印的《新设企业五证合一登记申请表》,前往办证大厅多证合一受理窗口进行办理。

窗口工作人员核对信息、资料无误后,将信息导入工商准入系统,生成工商注册号,并在"五证合一"打证平台生成各部门号码,补录相关信息。同时,市场监管部门工作人员扫描企业材料并将《工商企业注册登记联办流转申请表》传递至税务、人力资源和社会保障、统计等部门,由上述部门分别完成后台信息录入。最后打印出印有5个证号的营业执照。

3."五证合一"办理资料归纳

就新创企业而言,要想顺利完成"五证合一"的办理,需要准备的资料如下。

(1)法定代表人身份证原件,全体股东身份证复印件。

（2）各股东间股权分配情况。

（3）《企业名称预先核准通知书》原件。

（4）由市场监管部门审核通过的企业经营范围资料。

（5）企业住所的租赁合同（租期一年以上）一式两份及相关产权证明。

（6）如果企业为生产型企业，还要有消防验收许可证。

（二）刻制印章

印章具有法律效力，不能随意刻制。新创企业申请刻制相应的印章，需持营业执照复印件、法定代表人和经办人身份证复印件各一份，以及由企业出具的刻章证明、法人代表授权委托书，到公安机关指定的机构进行刻章。一般说来，公司常用的印章有公章、合同专用章、财务专用章、法人章、发票专用章。

（三）开立企业银行账户

按照国家现金管理和结算制度的规定，企业要在银行开立结算账户，用来办理存款、取款和转账结算。银行结算账户分为以下4种。

（1）基本存款账户。基本存款账户是企业的主要存款账户，主要用于办理日常转账结算和现金收付，以及存款单位的工资、奖金等现金的支取。该账户的开立需报当地人民银行审批并核发开户许可证，开户许可证正本由存款单位留存，副本交开户行留存。一家企业只能在一家商业银行的一个营业机构开立一个基本存款账户。

（2）一般存款账户。一般存款账户是企业在开立基本存款账户以外的银行开立的账户。该账户只能办理转账结算和现金的缴存，不能办理现金的支取业务。

（3）临时存款账户。临时存款账户是企业的外来临时机构或个体工商户因临时开展经营活动需要开立的账户。该账户可办理转账结算以及符合国家现金管理规定的现金业务。

（4）专用存款账户。专用存款账户是企业因基本建设、更新改造或办理信托、政策性房地产开发、信用卡等特定用途开立的账户。该账户支取现金时，必须报当地人民银行审批。

（四）办理税务登记

新创企业领取加载有统一社会信用代码的营业执照后，虽然无须再次进行税务登记，办理税务登记证，但仍需要前往税务机关办理相应的后续事项，才能进行正常缴税。

首先，新创企业纳税人需要办理国税地税一户通。国税地税一户通实际上是企业、银行与税务机关三方签订的扣款协议，用于企业网上申报税扣款。

其次，新创企业在办完首次涉税业务后，按期持续申报是今后要注意的关键事项。

思考与讨论

（1）试比较个人独资企业、普通合伙企业和有限责任公司三种企业组织形式的优劣势。

（2）如何设计新企业的名称？

（3）简述企业名称的命名规则。

（4）如何办理"五证合一"注册登记？

（5）企业常用的公章有哪些？

（6）企业常用的银行结算账户有哪些？

活动与训练

训练目标：认识和理解创业企业选址的重要性和影响因素，能够根据项目运用选址方法选择适当地址进行创业。

过程和规则：

（1）班级随机分组，3～5人为一组，并推选出一名组长。

（2）请各小组以"团队创业选址"为题，假设自己的团队现在要创业，根据团队情况，通过小组交流讨论后，选择适合的地址，每小组代表上台发表团队创业选择企业地址并阐明原因。各小组组长和教师分别进行打分和评价，最终评价得分最高的小组为优胜组。

单元二　初创企业经营与管理

学习目标

（1）了解营销管理的含义，掌握常用的营销方法。

（2）了解客户资源管理的要点。

（3）了解员工管理的含义，掌握员工管理的原则和要领。

（4）了解初创企业财务管理的主要内容，掌握建立财务管理体系的要点。

（5）知道创立企业只是创业成功的第一步，能够通过营销管理、客户资源管理、员工管理、财务管理实现初创企业的长久经营。

导入案例

刘俊利在某中职学校毕业之后去深圳等地打工，工作努力的他成为某机械设备生产企业的部门经理，不仅掌握了机械加工的生产技术，也积累了一定的企业经营经验。后来，他回到家乡河北石家庄，与几位同学一起创办了某机械设备有限公司，为周边的大型工程机械设备生产企业生产部件。

公司创办之后，刘俊利和创业团队克服了资金短缺、设备老旧、人员不足等困难，很快走上了正轨，第一年就实现了盈利。在创业团队的努力下，公司成为当地规模较大、技术先进的机械部件生产企业，年盈利额超过五百万元。但是好景不长，公司在进入第五个年头，出现了严重的亏损，看着会计提交的财务报表，刘俊利等人陷入了深思：是什么原因导致原本红火的企业陷入今天的困境呢？

刘俊利请母校老师联系专家对企业进行了诊断，发现了以下问题：

（1）对现金管理不严，资金使用缺少计划安排，过量购置不动产，以致无法应付经营急需的资金，陷入财务困境。

（2）应收账款周转缓慢，造成资金回收困难。原因是公司没有建立严格的赊销政策，缺乏有力的催收措施，应收账款不能兑现或形成呆账。

（3）存货控制薄弱，造成资金呆滞。

（4）重钱不重物，资产流失浪费严重。对原材料、半成品、固定资产等的管理不到位，出了问题无人追究，资产浪费严重。

以上问题的存在，严重影响了公司的可持续运营。

思考：初创企业如何避免上述问题？

知识储备

一、营销管理

初创企业营销最重要的事情是销售、定价、创建品牌。对于初创企业而言，在没有资本投入的情况下，理想的状态是企业的新产品通过市场销售出去，获得相应利润或价值，为企业生产经营进入良性循环创造条件。掌握营销方法，把产品卖出去，是初创企业营销活动成功的关键。

营销方法是指营销过程中所有可以使用的方法，包括服务营销、体验营销、知识营销、情感营销、教育营销、差异化营销、直销、网络营销等。

（一）服务营销

服务营销是一种通过关注顾客，进而提供服务，最终实现有利的交换的营销手段。实施服务营销首先必须明确服务对象，即"谁是顾客"。服务营销是企业在充分认识并满足消费者需求的前提下，为充分满足消费者需求在营销过程中所采取的一系列活动（图7-3）。

图 7-3　服务营销

（二）体验营销

体验营销又称体验式营销，指的是通过看、听、用、参与的手段，充分刺激和调动消费者的感官、情感、思考、行动、联想等感性因素和理性因素，重新定义、设计的一种思考方式的营销方法。体验营销要求产品或服务具备一定的体验特性，顾客为获得购买和消费过程中的"体验感觉"，往往不惜花费较大的代价。

（三）知识营销

知识营销是通过有效的知识传播方法和途径，将企业所拥有的对用户有价值的知识（包括产品知识、专业研究成果、经营理念、管理思想以及优秀的企业文化等）传递给潜在用户，并逐渐使其形成对企业品牌和产品的认知，最终将潜在用户转化为用户的过程和各种营销行为。

知识营销注重挖掘产品文化内涵，增加营销活动知识含量，并注重与消费者形成共鸣价值观；注重与消费者建立结构层次上的营销关系，使消费者成为自己产品的忠实顾客；加强营销队伍建设，使营销更适合产品高技术含量、智能化、个性化的要求。

（四）情感营销

情感营销是从消费者的情感需求出发，唤起和激起消费者的情感需求，诱导消费者产生心灵上的共鸣，寓情感于营销之中，让有情的营销赢得无情的竞争。随着情感消费时代的到来，消费行为从理性走向感性，消费者在购物时更注重环境、气氛、美感，追求品位，要求舒适，寻求享受。

（五）教育营销

教育营销就是把新的消费理念、新的生活方式等观念与思想通过会议营销、人际传播营销、知识营销、体验营销、文化营销、体育营销等营销形式来教育与引导消费者和潜在消费者，使消费者和潜在消费者接受新的消费理念与生活方式，改变原有的思维习惯、消费习俗、生活方式，使消费者的生活品位提升一个档次，使营销水平跃上一个新的层次的营销理念和营销模式。

（六）差异化营销

差异化营销是指面对已经细分的市场，企业选择两个或者两个以上的子市场作为市场目标，分别对每个子市场提供针对性的产品或服务以及相应的销售措施。企业根据子市场的特点，分别制定产品策略、价格策略、渠道策略以及促销策略并予以实施。

差异化营销的核心思想是"细分市场，针对目标消费群进行定位，导入品牌，树立形象"，目的是在市场细分的基础上，针对目标市场的个性化需求，通过品牌定位与传播，赋予品牌独特的价值，树立鲜明的形象，建立品牌的差异化和个性化核心竞争优势。

差异化营销可以分为产品差异化、服务差异化和形象差异化等。

（七）直销

直销是指在固定零售店铺以外的地方（如个人住所、工作地点或者其他场所），由独立的营销人员以面对面的方式，通过讲解和示范将产品或服务直接介绍给消费者，进行消费品的行销。直销的产品不通过各种商场、超市等传统的公众的销售渠道进行分销，而是直接由生产商或者经销商组织产品销售。

（八）网络营销

网络营销（On-line Marketing 或 E-Marketing）是企业整体营销战略的一个组成部分，它是为实现企业总体经营目标所进行的，以互联网为基本手段，营造网上经营环境的各种活动，是一个广义词。

从目前的商业来讲，网络营销更宽泛地涵盖网络产品及投放互联网概念。

网络营销是随着互联网进入商业应用而产生的，尤其是万维网（www）、电子邮件（E-mail）、搜索引擎、社交软件等得到广泛应用之后，网络营销的价值越来越明显。网络营销可以利用多种手段，如 E-mail 营销、博客与微博营销、网络广告营销、交换链接、视频营销、媒体营销、会员制营销等。

总体来讲，凡是以互联网或移动互联为主要平台开展的各种营销活动，都可称为整合网络营销。

二、客户资源管理

对于创业者来说，良好的客户资源是企业源源不断获得收益的重要保证，也是提升市场竞争优势的重要条件。充分利用客户资源需要掌握建立客户资源的途径和方法。

（1）**主动询问客户的需求**。销售员对客户的跟踪服务是增进彼此感情的最好方法。无论是主动询问产品满意度，还是询问客户的其他服务要求，销售员都可以从中找到话题，打破尴尬的局面，让客户对销售员的跟踪服务感到满意，同时又加深了双方的感情。

（2）**寻找共同话题**。当销售员联系上客户以后，如果仅仅只是就服务内容进行交谈，那么谈话内容会非常僵硬，不利于增进彼此间的感情。当询问完服务内容之后，销售员可以就某些共同爱好或兴趣进行交流，找到共同话题，这样更容易吸引客户，增进彼此间的亲密感。

（3）**适时登门拜访**。在与客户长期联系的过程中，如果双方关系较为友好，销售员还可以在适宜的时机登门拜访客户（图7-4）。这样既可以表示对客户的尊重和重视，还能深入了解客户的信息。

图 7-4　登门拜访客户

（4）**让礼物成为与客户沟通的桥梁**。适时赠送客户一些小礼物，是沟通感情和维系关系的重要桥梁，如在客户公司周年庆典或是在客户生日那天送上祝福。通过赠送一些小礼物来表达真诚的谢意和良好的祝愿，能进一步增进销售员与客户间的感情，建立更加亲密的关系。

（5）**做好售后服务**。良好的售后服务是留住客户、形成良好口碑、塑造企业良好形象的重要前提。销售员负责的是销售工作，但是仍然要尽最大的努力帮助客户解决售后问题。如果自己解决不了，就要立即联系相关的负责人尽快解决，切忌推卸责任。要知道，客户是不会同一个不负责任的人长久合作的。

（6）**帮客户一些小忙**。有的时候客户也会遇到一些产品以外的小问题，如果销售员在场就要力所能及地帮助客户，为其提供一些交易以外的帮助，而这常常会让客户感动，客户也会在必要的时候给予销售员支持和赞誉。

（7）**关心客户经营，提供行业信息**。从某种程度上说，销售员的利益同客户的利益是一致的。客户的经营状况好，可能会增加产品的需求，促成再次合作，从而惠及销售员所在的企业。所以，服务客户就等于帮助自己，关心客户的经营状况，就等于再次获得合作的机会。

三、员工管理

员工管理是人力资源管理的范畴，是指企业在创立初期通过各种政策、制度和管理活动，吸引、开发、激励和保留员工，充分发挥员工的工作积极性，最终实现组织目标的过程。在企业成长过程中，企业必须有规划地做好人才的选、训、用、留，而要实现这些功能，需要相应的管理策略和手段。

（一）初创企业员工管理原则

（1）**充分了解企业的员工**。了解员工，有一个从初级到高级阶段的程度区别，分为三个阶段：第一阶段，了解员工的出身、学历、经验、家庭环境以及背景、兴趣、专长等，同时还要了解员工的思想，以及干劲、热诚、诚意、正义感等。第二阶段，当员工遇到困难时，管理者能事前预料他的反应和行动，并能恰如其分地给员工雪中送炭。第三阶段，知人善任，能使每个员工在其工作岗位上发挥最大的潜能，给员工足以考验其能力的挑战性工作，并且在其面临困境时，给予恰当的引导。

（2）**聆听员工的心声**。在企业管理中，聆听员工的心声，也是团结员工，调动其积极性的重要途径。员工一旦思想出了问题，就会失去工作热情，要其卓越地完成任务是不可能的。这时，作为管理者，应耐心地听取他的心声，找出问题的症结，解决他的问题，这样才有助于管理目标的实现。

（3）**德才兼备，量才使用**。每个人在能力、性格、态度、知识、修养等方面各有长处和短处，用人的关键是适用性。为此，管理者在用人时，要先了解每个人的特点。作为管理者，不仅要看到人事考核表上的评分，还要在过程中观察其处事态度、速度和准确性，从而真正测出他的潜能。也只有如此，管理者才能灵活、有效、成功地管理员工，使事业蒸蒸日上。

（4）**淡化权力，强化权威**。对员工的管理最终要落实到员工对管理者，或下属对上司的服从上。这种领导服从关系可以来自权力或权威两个方面。要成功地管理员工，特别是管理比自己更优秀的员工，人格魅力形成的权威比行政权力更重要。

（5）**创造适宜的工作环境**。根据生理需要设计工作环境，可以加快速度、节省体力、缓解疲劳；根据心理需要设计工作环境，可以创造愉悦、轻松、积极、充满活力的工作氛围。

（6）**提高员工士气**。一是要深入了解员工的需求。了解员工的需求可以通过平时的沟通、会议、员工的抱怨、调查问卷等渠道。二是要为员工创造良好的工作氛围。三是要认可和赞美员工。对于员工的微小进步，管理者应该及时给予真诚的认可与赞美；在批评员工时要适当注意技巧，不能伤害员工的自尊，尽可能在私下进行。四是要促进员工成长。

（二）初创企业员工管理要领

（1）**转变观念，尊重员工**。尊重员工的个人价值，理解员工的具体需求，适应劳动力市场的供求机制，依据双向选择的原则，合理地设计和实行新的员工管理体制。将人才看作企业竞争优势的根本，并将这种观念落实在企业的制度、领导方式、员工的报酬等具体的管理工作中。

（2）**设立高目标**。留住人才的关键是：不断提高要求，为他们提供新的成功机会。管理者必须创造并设计一些挑战机会以刺激员工去追求更高的业绩。只有当员工感到自己在工作中能够得到不断的支持，能够不断地学到新的东西，他们才会留下来并对企业更加忠诚。

（3）**经常交流**。管理者要征询员工对企业发展的意见，倾听员工提出的疑问，并针对这些意见和疑问谈出自己的看法——什么是可以接受的？什么是不能接受的？为什么？如果企业有困难，应该公开这些困难，同时告诉员工企业希望得到他们的帮助。

（4）**授权**。授权意味着让基层员工自己作出正确的决定，意味着对员工的信任。当一个人被信任的时候，就会迸发出更多的工作热情和创意。

（5）**辅导员工发展个人事业**。管理者在评估员工业绩时应该经常询问员工其心中的职业发展目标是什么，并帮助他们认识自己的长处和短处，制定切实可行的目标，采用达到目标的方法，以支持员工的职业生涯计划，然后尽力培养、扶植他们。

（6）**让员工参与进来**。让一线员工参与进来，让员工知道管理者对他们的意见很重视。如果管理者能够尊重员工的看法，那么即使最终没有采纳他们的建议，也将发现他们同样更愿意支持你的决定。

（7）**信守诺言**。如果管理者许下了诺言，就应该对之负责。如果必须改变计划，管理者要向员工解释清楚这种变化。如果管理者没有或者不明确地表达变化的原因，员工会认为你食言，久而久之，员工就会失去对管理者的信任，失去对企业的忠诚。

（8）**多表彰员工**。奖励要点：①公开奖励标准，要使员工了解奖励标准和其他人获得奖励的原因；②以公开的方式给予表扬、奖励；③奖励的态度要诚恳；④奖励的时效很重要。

（9）**宽容失败**。员工的尝试能够帮助企业有所创新，因此不要因为员工失败就处罚他们。管理者要帮助员工学会在失败中学习，和他们一起寻找失败的原因，探讨解决的办法。

（10）**建立规范**。企业可以对各个岗位作详细的岗位职责描述，使每个员工都清楚自己应该干什么，向谁汇报，有什么权力，承担什么责任。

四、财务管理

对于创业者来说，形成良好的财务管理制度或体系是企业未来内部控制管理完善的基础。初创企业财务管理应注重核心资产的管理、融资资金的管理、应收账款的管理和财务管理制度的构建等。

（一）初创企业财务管理的目标

财务管理目标又称理财目标，是指企业进行财务活动所要达到的根本目的，它决定着企业财务管理的基本方向。财务管理目标也是企业经营目标在财务上的集中和概括，是企业一切理财活动的出发点和归宿，是评价企业理财活动是否合理的基本标准。制定财务管理目标是现代企业财务管理成功的前提，只有有了明确合理的财务管理目标，财务管理工作才有明确的方向。因此，新创企业应根据自身的实际情况和市场经济体制对企业财务管理的要求，科学合理地选择、确定财务管理目标。

（二）初创企业财务管理常见的问题

初创企业较为普遍的财务管理问题主要有以下几个方面。

（1）**事前预算不力，事后分析不到位**。很多初创企业管理者事前没有采集数据进行认真分析并编制预算，在事中执行过程中也没有对预算完成情况进行严格考核，事后评价和分析不到位。

（2）**信息化程度不高，缺乏财务创新**。在现代企业管理当中，很多初创企业财务管理电子化程度不高，财务信息上下级之间无法共享，监管信息反馈滞后，工作效率低下，没有开发出能适应电子商务环境的财务管理信息系统。

（3）财务架构不健全，组织机构设置不合理。 部分初创企业管理者在财务机构设置方面不够科学，有的甚至未设置专职的财务管理人员。

（4）内控体系不完善，缺乏风险管理意识。 部分初创企业财务运行不够规范，权责不到位，内部控制制度等基本财务管理制度不健全，缺乏风险管理和控制机制。

（5）费用管理不规范，资产管理散乱。 在费用开支上，部分初创企业管理不严，未建立审批制度。在资产管理上，部分初创企业没有定期对资产进行盘点，资产实物与登记簿不符，实物管理和账务管理都有很多漏洞。

（6）成本核算粗放，成本控制不严。 有的初创企业成本核算十分粗放，将各种产品成本笼统汇总核算，不利于加强成本控制；有的初创企业管理者只注重生产过程的成本控制，事前、事中控制能力较低，造成不必要的浪费。

（三）初创企业财务管理体系的建立

处于初创与成长期的企业，规范有效的财务管理制度是确保企业健康发展的重要工具。初创企业应结合实际，建立健全财务管理制度。

1. 成本管理

成本管理是指企业生产经营过程中各项成本核算、成本分析、成本决策和成本控制等一系列科学管理行为的总称。成本管理由成本规划、成本计算、成本控制和业绩评价四项内容组成。

成本管理要充分动员和组织企业全体人员，在保证产品质量的前提下，对企业生产经营过程的各个环节进行科学合理的管理，力求以最少生产耗费取得最大的生产成果。

成本管理不能仅局限于生产耗费活动，应扩展到产品设计、工艺安排、设备利用、原材料采购、人力分配等产品生产、技术、销售、储备和经营等各个领域。参与成本管理的人员也不能仅仅是专职成本管理人员，应包括各部门的生产和经营管理人员，并要调动全体员工的积极性，实行全面成本管理，只有这样，才能最大限度地挖掘企业降低成本的潜力，提高企业整体成本管理水平。

2. 财务分析

财务分析是以会计核算和报表资料及其他相关资料为依据，采用一系列专门的分析技术和方法，对企业等经济组织过去和现在有关筹资活动、投资活动、经营活动、分配活动的盈利能力、营运能力、偿债能力和增长能力状况等进行分析与评价的经济管理活动。

常见财务报表由资产负债表、利润表、现金流量表及股东权益变动表与相关附注说明组成。

3. 财务控制

初创企业进行财务控制，主要是对企业的资金投入及收益过程和结果进行衡量与校正，目的是确保企业目标以及达到此目标所制订的财务计划得以实现。财务控制必须确保企业经营的效率性和效果性、资产的安全性、经济信息和财务报告的可靠性。

（1）**不相容职务分离**。所谓不相容职务分离，是指一个人不能兼任同一部门财务活动中的不同职务。

（2）**授权批准控制**。授权批准控制是指对单位内部部门或职员处理经济业务的权限控制。单位内部某个部门或某个职员在处理经济业务时，必须经过授权批准才能进行，否则就无权审批。授权批准的基本要求是：首先，要明确一般授权与特定授权的界限和责任；其次，要明确每类经济业务的授权批准程序；最后，要建立必要的检查制度，以保证经授权后所处理的经济业务的工作质量。

（3）**预算控制**。预算控制包括筹资融资、采购、生产、销售、投资、管理等经营活动的全过程。其基本要求是：第一，所编制预算必须体现单位的经营管理目标，并明确责任；第二，预算在执行中，应当允许经过授权批准对预算进行调整，以便预算更加切合实际；第三，应当及时或定期反馈预算的执行情况。

（4）**实物资产控制**。实物资产控制主要包括限制接近控制和定期清查控制两种。限制接近控制是控制对实物资产及与实物资产有关的文件的接触，如现金、银行存款、有价证券和存货等，除出纳人员和仓库保管人员外，其他人员则限制接触，以保证资产的安全。定期清查控制是指定期进行实物资产清查，保证实物资产实有数量与账面记录相符，如账实不符，应查明原因，及时处理。

（5）**成本控制**。成本控制分为粗放型成本控制和集约型成本控制。粗放型成本控制是从原材料采购到产品的最终售出进行控制的方法，具体包括原材料采购成本控制、材料使用成本控制和产品销售成本控制三个方面；集约型成本控制，一是通过改善生产技术来降低成本，二是通过产品工艺的改善来降低成本。

思 考 与 讨 论

（1）简述常见的营销方法。

（2）如何进行客户资源管理？

（3）简述初创企业员工管理原则。

（4）简述初创企业员工管理要领。

（5）如何建立初创企业财务管理体系？

活动与训练

训练目标：认识到财务管理是企业的一项重要基础性工作。掌握财务管理内容，能够在初创企业经营中理解和初步运用有效的财务管理方法或手段。

过程和规则：

（1）班级随机分组，每3～5人为一组，并推选出一名组长。

（2）请各组成员以"如何有效地进行初创企业财务管理"为题，列出个人观点。

（3）将列出的个人观点与组内成员进行交流，讨论后形成统一的小组观点。

（4）列出小组观点，每组随机抽取一名代表上台发表有效地进行初创企业财务管理的见解。各小组组长和教师分别进行打分和评价，最终评价得分最高的小组为优胜组。

参考文献

［1］周苏，褚赟.创新创业：思维、方法与能力［M］.北京：清华大学出版社，2017.

［2］康桂花，姚松.创新创业基础［M］.北京：科学出版社，2016.

［3］孙洪义.创新创业基础［M］.北京：机械工业出版社，2016.

［4］李肖鸣.创新创业实训［M］.北京：清华大学出版社，2018.

［5］徐衍昌，蒋宏达.中职学校创新创业经典案例选编［M］.杭州：浙江大学出版社，2013.

［6］刘昀.创新创业基础［M］.北京：高等教育出版社，2019.

［7］李立标.中职生创业创新案例［M］.上海：上海交通大学出版社，2013.

［8］黄宗良，汪建平，杨建辉，等.中职生创新创业指导与训练［M］.北京：人民邮电出版社，2020.

［9］汤锐华.中职生创新创业指导［M］.北京：高等教育出版社，2019.